KB111230

헌법과 방송규제

이 윤 호

도서출판 오 래

머 리 말

　　방송기술의 진화는 방송규제의 변화를 촉발시킨다. 방송분야에 있어 기술과 규제는 아주 밀접한 관계에 있다고 할 수 있다. 그간의 방송규제는 새로운 기술을 수용한 매체의 등장에 따라 진화되어 왔다고 할 수 있다. 1995년 국내 최초로 다채널 유료방송인 케이블TV가 본방송을 시작하면서 그동안 지상파방송 위주의 규제체계에 대폭적인 변화를 불러왔으며, 2002년 위성방송 출범을 앞두고 통합방송법이 제정되었고, 2008년 인터넷TV라고 불리는 IPTV 규제를 위해 인터넷멀티미디어방송법이 제정되었다.

　　최근 또다시 방송의 규제체계 개편논의가 촉발되고 있다. 방송환경이 변화하고 있다. 이제 방송기술은 유선인터넷 망보다 더 수용자 입장에서 편리한 무선인터넷을 이용한 방송서비스가 확산되면서 소위 스마트미디어 환경으로 급속도로 전환되고 있다.

　　그간의 방송규제는 공익성·공공성을 이념으로 하였으나 방송이 산업과 접목되면서 방송규제가 점진적으로 완화되는 방향으로 변화되고 있다. 규제방식도 기존의 사전적인 진입규제와 편성규제에서 여타 산업과 마찬가지로 사후적 시장행위 규제로 변화되고 있다고 할 수 있다.

　　이와 같은 방송규제는 헌법상 기본권과 밀접한 관계가 있다. 왜냐하면 다매체다채널의 환경하에서의 방송규제는 국민의 기본권이 확장되는 측면이 있으나, 반면 방송을 운영하는 방송주체 입장에서는 방송의 자유의 제한이 될 수 있는 양면성이 있기 때문이다.

사회구성원의 방송의 자유 신장을 위해서 방송규제가 정당화될 수 있다고 가정한다면 헌법적 관점에서 방송에 대한 규제는 어떠한 모습으로 표출되어야 하며 또한 규제의 정도는 어떠해야 되며 규제의 방식이 어떠해야 하는지 살펴보는 것이 매우 중요하다고 생각한다. 이 책을 통해 헌법적 관점에서 방송규제에 대한 이해를 증진하는 데 조금이라도 도움이 된다면 책을 쓴 사람으로서 큰 보람으로 생각할 것이다.

본서는 저자의 박사학위 논문인 "방송시장 규제에 관한 헌법적 고찰"의 내용 중 헌법과 방송규제에 관한 사항을 발췌하여 수정·발간한 것이라는 점을 밝혀둔다. 내용 중 외국의 사례나 판례 등 최근의 자료가 다소 부족한 점이 있을 것이다. 부족한 부분은 앞으로 방송규제에 관한 새로운 이론이나 사례를 보완하여 개정판에 담을 생각이다.

2014년 12월

저 자

차 례

헌법과 방송규제

— 이윤호

I. 서 론

1. 연구의 목적

최근 유무선 인터넷 네트워크와 하드웨어적 정보통신기술의 비약적인 발전은 방송분야에 엄청난 변화를 가져오고 있다. 특히, 디지털 압축기술과 "인터넷망"(All Internet Protocol 방식)[1]을 이용한 "전송기술의 확산"[2]은 방송을 다매체화 내지 다채널화로 급속히 전환시키고 있으며, 한걸음 더 나아가 무선망을 기반으로 하는 스마트미디어 생태계로 외연을 확장하고 있다. 이는 공공성과 공익성으로 대변되는 방송의 이념적 가치에 대한 검토라는 근본적 과제를 안겨 주는 한편, 방송에 대한 규제체계의 변화를 요구하고 있다. 현재 우리 목전에서 현실적으로 일어나고 있는 커뮤니케이션 과학기술 혁명과 방송통신의 융합형

---

1) All IP 방식은 "유무선 브로드밴드 등 각종 네트워크의 통합 운용시 중심 프로토콜을 인터넷 프로토콜(IP)로 단일화하는 것을 말하며, 차세대 네트워크 통합의 기본 사항으로서 우리나라는 차세대 통합 네트워크(NGcN)나 광대역 통합망(BcN)의 유무선 모두 IP를 기반으로 운용되는 네트워크를 목표로 하고"(http://terms.naver.com/item.nhn?dirId=202&docId=24251) 있다. 최근 IP방식을 이용, 양방향성과 일정한 서비스 품질을 보장하면서 텔레비전수상기 등을 통해 이용자에게 실시간 방송프로그램과 데이터, 영상, 음성, 음향 및 전자상거래 등의 콘텐츠를 복합적으로 제공하는 서비스인 IPTV(TV over Internet Protocol) 도입에 관하여 방송시장에서의 공정경쟁 이슈와 함께 활발하게 논의되고 있다.

2) 전송기술의 발전과 확산에 관한 일반적 설명으로는 예컨대 Hyung-Dun Kwon, Rundfunkfreiheit auf dem Weg in die Informationsgesellschaft, insbesonderere im Internet, Diss. (Bielefeld), 2004, S. 12ff. 참조.

서비스의 일종인 새로운 미디어의 출현은 정치·경제·사회·문화 및 사
회구조적 측면에서 기존의 미디어에 비해 막대한 영향력을 미칠 것으
로 예상된다. 따라서 이와 같이 변화된 환경에서 관심의 대상이 되고
있는 방송규제 법리에 관한 학문적 연구는 커뮤니케이션 과학기술 발
전을 수단하는 새로운 사회의 발전과 더불어 그 중요성이 점차 확대될
것으로 보인다.3)

　　방송규제를 논의함에 있어 방송의 헌법적 기능과 가치를 간과할 수 없
다. 왜냐하면 방송은 언론·출판 등 표현의 자유를 실현하는 중요한 기
능을 수행하고 있기 때문이다. 즉 언론·출판의 자유는 사상의 형성과
전달, 특히 정치적 사상과 여론형성을 통해 시민사회의 정신적 기초를
형성하게 하는 필수적인 국민의 기본권이다.4) 따라서 언론·출판의 자
유에 대한 제한은 엄격하고도 신중하게 이루어져야 하고, 이는 언론의
자유를 수행하는 방송의 자유에 대한 제한 또한 마찬가지다. 국민의 기
본권을 최대한 보장함과 더불어 그 제한은 헌법의 원리에 따라 이루어
져야 한다. 이와 같이 언론의 자유를 구현하는 방송에 대한 규제는 방
송주체의 입장에서는 언론의 자유에 대한 제한이 될 것이다. 그러나 그
규제를 통하여 사회 구성원 전체의 언로가 다양화되고 그 기회가 증대
된다면 이는 언론의 자유의 신장을 가져온다고 할 것이다.5) 따라서 사
회 구성원의 방송의 자유 신장을 위해서는 방송 주체에 대한 규제가 정

---

3) 종합유선방송사업자, 위성방송사업자, 위성 및 지상파 이동멀티미디어사업자 등 상
　업적 방송사업자의 등장은 사업허가, 주파수 배분 등에 있어서 방송시장의 경쟁정
　책에 대한 다양한 이슈를 촉발시키고 있다(Competition Policy and a Changing
　Broadcasting Industry. OECD, 1993).
4) 김철수, 『학설판례 헌법학』, 박영사, 2008, 977면.
5) 이러한 취지로 정재황, "방송의 내용상 의무에 관한 연구 -프랑스 법을 대상으로",
　『성균관법학』, 제19권 제3호, 성균관대학교비교법연구소, 2007, 30-31면.

당화될 수 있다고 가정한다면, 헌법적 관점에서 방송에 대한 규제는 어떠한 모습으로 표출되어야 하며, 또 그 규제의 정도는 어떠해야 하고, 규제의 방식이 어떠한 것이어야 하는지 살펴보는 것은 중요한 과제라 할 수 있다.

우리 헌법은 방송의 개념에 관하여 직접 명시적인 정의를 내리고 있지 않으나 헌법 제21조 제3항은 '통신·방송의 시설기준과 신문의 기능을 보장하기 위하여 필요한 사항은 법률로 정한다'고 규정하여 방송에 대해 언급하고 있고, 방송을 통신·신문과 아울러 여론형성 기능을 하는 주요한 언론의 한 범주로 포함시키고 있다. 더욱이 헌법적 근거를 가진 다양한 언론매체 중 특별히 방송에 대해서는 현실적 입법 및 법적용에 있어 신문이나 다른 인쇄매체에 비해 매우 엄격한 규제를 받도록 하고 있는 것도 사실이다. 즉 전달하려는 내용이 음성과 영상을 통하여 동시적·직접적으로 전파되어 강한 호소력을 가지고 있기 때문에 방송내용이 특정사안에 대해 편향되거나 왜곡될 경우 여론에 미칠 수 있는 역기능적 요소가 매우 크다고 할 수 있다. 따라서 방송매체가 다른 언론 매체에 비하여 엄격한 규제를 받는 것이 당연시되고 있다.[6]

---

6) 이러한 취지를 표명한 판례로는 독일 연방헌법재판소의 1971년 7월 27일자 판결을 들 수 있다(vgl. BVerfGE 31, 314ff.). 이 판결의 사안은 통상 부가가치세 사건이라고 불리는데, 연방헌법재판소의 공영방송에 관한 결정이나 판결 중에서 가장 강하게 공적 성격을 강조한 것으로 평가한다. 이 판결에서 연방헌법재판소는 공영방송의 방송활동 전반에 대하여 —수신료가 공영방송 재원 전체의 4분의 3에 육박하는데도, 그리고 기존 프로그램의 판매, 재고 물량의 인도 등과 기본적인 방송 송출활동도 구별하지 않은 채— 일괄적으로 영업적 내지 직업적 활동으로 보아 부가가치세를 부과한다는 취지의 "연방 부가가치세법" 조항을 위헌으로 판정하였다. 연방헌법재판소로서는 사인의 영업적 활동에 대한 부가가치세를 공영방송의 경우 부정해야 한만큼 그 논거로서 공영방송의 공적 성격도 강력하게 주장할 수밖에 없었다. 심지어 —공영방송의 활동이 국가의 활동과 다를 바 없다고 지적하면서— 공영방송의 국가 기관적 성격까지 용인하였다. 이로써 연방헌법재판소는 공영방송의 공

이와 같은 방송의 본질적인 특성으로 인해 방송의 법률적 개념은 강한 공적 규제 가능성을 전제로 입법화될 수밖에 없다. 즉 특정한 매체가 방송의 법적 개념으로 포섭된다는 것은 방송의 본질적인 특성에 비추어 방송매체로서 사회문화적 제반 규제의 가능성을 가지게 된다는 것을 의미하는 것이다. 이러한 관점에서 방송통신 융합환경하에서 방송의 법적 개념 설정을 어느 범위까지 포함해야 할 것인가는 매우 중대한 문제가 된다.

한편 종래 방송규제의 정당화 근거로 사용되어 왔던 논리로는 기술적 측면에서 주파수 희소성 이론과 사회·문화적 측면에서의 방송의 영향력 내지 파급력에 따른 공익성 내지 "공정성 원칙"7) 등을 들 수 있다. 이러한 논리들은 방송통신 융합환경하에서 그 중요성이 점차 감

공성을 과도하게 지원했다는 일반적인 비판에 직면하게 되었다. 물론 판결 자체에서도 다수견해라고 해도 4 : 3에 지나지 않을 정도이므로 반대견해 역시 다수견해 못지않게 상당한 지지를 획득했으며 그만큼 논의 자체도 격렬했다는 사실을 간파할 수 있다. 결국 이 판결 이후의 방송체계 내지 공영방송에 관한 판결이나 결정에서 연방헌법재판소는 공영방송의 공적 성격을 강조하는 비중을 일정하게 줄이지 않을 수 없었다. 이 판결의 전문을 번역한 것으로 전정환/변무웅 역, 「독일연방헌법재판소 판례 −독일방송헌법판례」, 한울, 2002, 70면 이하 참조. 1990년대에 이르러 방송의 공공성 문제와 관련하여 수신료의 법적 성격이 보조금인지의 여부가 유럽법 차원에서 제기된 바 있는데 이러한 논의에 관해서는 Stern, Klaus/M. Sachs/ J. Dietlein, Das Staatsrecht der BRD, 2006, S. 1721f.; 최우정, "공영방송의 운영재원으로서의 방송수신료의 법적 성격과 유럽공동체조약과의 부합성", 「방송법연구 I」, 한국학술정보(주), 2006, 169면 이하 참조.

7) 공정성원칙(Fairness Doctrine)은 미국 연방통신위원회가 1949년부터 주파수 허가 취득조건으로 라디오와 텔레비전에서의 토론은 균형이 있어야 한다고 규정하면서부터 적용되어왔다. 또한 이 원칙은 미국 연방대법원의 1969년 Red Lion Broadcasting Company Inc. v. FCC 판결을 통해 최초로 확인되었으나 케이블TV나 군소 라디오 방송 등 뉴미디어의 등장과 이에 따른 언론의 자유를 위축할 수 있다는 우려 때문에 1987년 FCC에 의해 스스로 폐지되었다가 공정성원칙 필요성에 대한 재평가를 통해 최근 다시 적용되고 있다.

소되고 있는 추세에 있으므로 더 이상 방송규제의 정당화 논거로서 설득력이 없다는 비판이 제기되기도 하였다.[8] 그러나 이러한 비판에도 불구하고 여전히 방송의 특수성을 논증하는 근거로서 이러한 논리가 유효하다는 사실을 부정하기는 어렵다. 왜냐하면 방송의 자유에 관하여 주관적 공권성을 강조하는 미국조차도 방송이 갖는 특수성을 들어 공공의 이익이라는 관점에서 규제를 하고 있으며, 더욱이 최근 학설에서는 방송에 기술적으로 접근되는 통신매체와의 통합을 고려하여 이러한 '공공의 이익'이라는 관점이 더욱 활발하게 대두되고 있기 때문이다.[9] 즉, 방송의 공익성과 공공성은 방송의 기술적·산업적 변화 그리고 다매체·다채널시대의 도래에도 불구하고 결코 포기될 수 없으며 여전히 당위적이고 중요한 봉사 원칙 내지 적극적으로 추구해야 하는 이념으로 남아야 하기 때문이다.[10] 이와 같은 특수성을 본질적 요소로 하는 방

---

8) 전파의 희소성 논리를 전면적으로 해체해야 한다거나 지상파와 같은 영역에 한하여 일정한 규모로 인정해야 한다는 논의에 대해서는 vgl. Chr. Starck, in: Mangoldt/Klein/Strack, GG, Bd. I, 5. Aufl., 2005, Art. 5 I, II, Rdn. 112.

9) 곽상진, "방송의 자유와 이원적 방송체계", 한양대학교 박사학위논문, 1999, 8, 10면.

10) 최영묵, 「방송의 공익성에 관한 연구」, 박영출판사, 1997, 265면; BVerfGE 57, 295 (319f); 독일연방헌법재판소가 1991년 2월 5일 선고한 제6차 TV방송 판결이다. "연방헌법재판소는 기본법 제5조 제1항 제2문은 '봉사하는 자유'(dienende Freiheit)라고 한다. 이는 개인의 의사나 여론이 자유롭게 형성되도록 하는 데 봉사하는 것을 의미하며 단순한 보도나 정치적 의사 전달에 국한되지 않고 포괄적인 의미로 봉사한다. 자유로운 의사형성은 상호간의 의사전달과정 속에서 이루어지는 것으로서 한편으로는 의견을 표현하고 전파하는 자유를 전제로 하고 다른 한편으로는 표현된 의견을 알고 알려 줄 자유를 전제로 하는 것이다. 제5조 제1항이 의사표현의 자유, 의사전파의 자유와 정보의 자유를 기본권으로 보장함으로써 이러한 의사형성 과정도 함께 헌법적으로 보호하려고 한다. 이 판결은 방송과 관련된 특정부분만을 중점적으로 다루지 않고 방송 전 영역에 걸쳐 중요한 내용을 모두 취급하고 있어 방송의 자유를 이해하는 데 많은 도움을 주며, 방송의 자유로부터 공영방송의 존립과 발전을 보장할 명령을 추론하고 존립보장과 발전보장을 구체화시키고 있다"(이욱한, "독일연방헌법재판소의 TV방송 판결에 관한 소고", 「공법학연구」, 제5

송은 국가의 권력적 간섭이나 사회세력의 영향을 받지 않도록 독립성
이 보장되어야 하며, 국민 각계각층의 다양한 의사가 왜곡 또는 조작됨
이 없이 중립적 입장에서 기회균등하게 반영될 수 있는 다양성과 공공
성이 보장되어야 한다.11) 이러한 차원에서 방송의 특수성 논리는 방
송·통신융합이라는 변화된 환경하에서 새로운 보완적 논의가 필요할
것으로 생각한다.

이에 본 연구는 방송규제를 위한 고려 요소로서 방송의 기능과 규
제체계의 변화를 헌법적 차원에서 살펴봄으로써 우리나라 방송규제정책
수립에 필요한 합리적 원칙과 대안을 제시하는 데 목적이 있다.

2. 연구의 범위

본 연구에서는 규제대상으로서 방송에 관한 범위를 확정하기 위하
여 방송을 분석하고자 한다. 방송의 법적 개념에 관한 논의는 방송통신
융합 환경하에서 방송에 관한 국민의 기본권 보장을 확대하여 그에 대
한 제한 원리가 헌법적으로 바르게 실현될 수 있도록 하기 위한 것일
뿐만 아니라 방송규제의 적용범위를 확정하기 위해서도 중요하게 다루
어야 할 문제이다. 따라서 방송 개념이 성립되기 위한 일반적 기준에
관한 논의와 주요국가에서 정의하고 있는 방송의 법적 개념, 우리나라
현행 방송법의 해석 등 소위 방송통신 융합형 서비스가 방송의 법적 개

권 제3호, 396-397면; 전정환/변무웅 역, 전게서, 292면 이하).
11) 전정환, "방송사업의 허가제도에 대한 위헌성여부의 고찰", 「공법연구」, 제24집 제4
호, 1996, 281면.

념에 포섭되는지의 여부 등에 대하여 검토를 하고자 한다. 이를 통해 헌법적 근거를 가진 법적 의미의 방송의 개념과 범위의 재정립을 시도 할 것이다. 다음으로는 종전 방송에 대한 규제를 정당화하기 위해 다양 하게 제시되었던 방송의 특수성 이론에 대한 성찰을 통해 방송시장에 서의 특수한 규제법리를 도출할 때 반드시 반영해야 할 몇 가지 원칙을 제시하고자 한다. 방송의 법적 개념과 특수성 이론에 관한 논의의 실익 은 방송규제의 기준을 명확하게 제시하는 한편, 그 규제의 법리를 도출 하기 위한 이론적 근거를 마련하는 데 의의가 있다.[12] 또한, 이러한 방 송의 특수성이론을 통해 도출된 규제법리가 헌법적 근거에 합치되는지 의 여부는 방송규제를 위해 중요한 시사점을 제공할 수 있다.

　　다음으로 방송규제에 관한 헌법적 논거에 대해서도 심층적으로 다 루고자 한다. 헌법상 방송과 관련된 기본권과의 관계를 규명하는 것으로 부터 출발하여 방송에 관한 규제의 헌법적 근거와 방송에 대한 규제체계 에 대해 살펴보고 이를 토대로 방송규제의 방향성을 제시하고자 한다.

3. 연구의 방법

　　본 논문의 연구방법으로 첫째, 문헌고찰의 방법을 수행한다. 이 논 문에서 문헌고찰 방법은 법학의 관련 문헌은 물론이고 그 외 일반 사회 과학 문헌 중 방송에 관하여 현실적이고 구체적인 내용을 포함하고 있

---

12) Vgl. Hyung-Dun Kwon, a.a.O., S. 12ff., 23ff.; 김창규, 「방송·통신의 융합과 디지 털시대의 정보미디어법제, 그리고 정책」, 동방문화사, 2008, 10면 이하.

는 문헌을 모두 조사대상으로 하였다. 특히, "구 방송위원회"13)가 발간한 연구보고서는 방송규제에 관한 현실적 분석과 합리적 대안들이 담겨져 있어 주로 참고하였다. 또한 방송과 관련된 국회의 입법관련 자료도 의미 있는 조사대상 문헌이라 생각하여 참고하였다.

둘째, 비교법적 연구를 수행한다. 헌법해석을 위한 수단과 방법으로서 비교법적 접근방법은 현행 규제체제에 대한 개선방안을 모색하는 데 있어 특히 새롭게 형성되고 있는 방송시장에 대한 경쟁법적 문제를 논의하는 데 유용한 시사점을 제공해 줄 수 있을 것으로 판단된다. 대부분의 나라들이 동시 다발적으로 방송과 통신의 융합현상을 포괄하는 규제에 관한 틀을 재정비했거나 하고 있는 추이를 감안하면 비교법적 연구방법은 중요한 의미가 있다고 판단된다. 여기서 채택하고 있는 비교법적 연구방법의 주요 조사대상은 유럽연합의 소속국가들로서 방송통신 융합에 관한 논의가 활발하게 진행되고 있는 영국, 프랑스, 독일, 그리고 전통적으로 민영방송 중심의 방송체제를 유지하고 있으면서 방송통신에 관한 통일적 규제를 하고 있는 미국, 또 최근 방송과 통신의 융합에 관하여 활발하고 다양한 논의를 전개하고 있는 일본을 중심으로 살펴본다.

셋째, 다양한 매체규제 모델들에 대한 분석적 접근을 수행한다. 방송의 규제원리 모색을 위해 본 연구에서 분석하고자 하는 규제모델은 그 동안 학설이나 판례를 통해 소개된 바 있으며, 변화된 매체환경에 대한 새로운 규제원리를 반영하기 위해 여러 나라에서 논의하고 있는

---

13) 방송위원회는 2008년 2월 29일 '방송통신위원회의 설치 및 운영에 관한 법률'(법률 제8867호)의 시행에 따라 폐지되었고 방송통신위원회가 현재 방송규제기관으로서 자리잡고 있다.

이론들이다. 즉, 분석의 틀로서 제시되는 대표적 매체규제 모델은 다음과 같다. ① 과거 인쇄매체와 방송매체의 차별적 규제를 정당화하기 위하여 사용되었던 이원적 규제모델과 ② 인터넷 전송방식의 설계구조라는 기술적 내용을 응용한 계층적 규제모델(layered model), ③ 동일 또는 유사 서비스에 대한 규제의 일관성 및 형평성 유지를 그 핵심 논거로 하고 있는 수평적 규제모델, ④ 매체의 특성에 따른 규제차별을 정당화하는 이론인 매체특성론적(a medium-specific analysis) 규제모델을 들수 있다. 특히, 여기에서 분석하고자 하는 규제모델들 중 수평적 규제모델과 매체특성론적 규제모델은 방송시장에 대한 규제원리를 논의하는 데 있어 매우 유용하고 의미 있는 분석의 틀이라고 생각된다. 수평적 규제모델은 유럽연합을 중심으로 논의되어 실제 규제에 반영된 모델이다. 이 규제모델에 의하면 전송 부문과 콘텐츠 부문의 진화와 발전 속도가 서로 다르기 때문에 두 부문을 동일한 규제환경하에서 관리하기보다는 서로 다른 규제환경하에서 관리해야 한다는 것이다. 즉, 전송과 콘텐츠를 분리하여 규제하는 것을 핵심적 내용으로 삼고 있다. 이 모델은 방송시장에 대한 규제대상의 범위를 비교적 명확하게 확정하는 데 논리적 근거를 제공할 수 있을 뿐만 아니라 규제의 형평성을 제고한다는 차원에서 의미가 있다고 생각한다. 이러한 매체규제 모델들은 언론매체에 관한 헌법적 원리를 해석함에 있어서 매체의 특성을 감안하여 규제의 강도를 달리하여야 하며 더 나아가서 매체의 특성에 따라서 기존의 원리들을 재구성하고 이를 통해 언론 매체에 관한 정책과 법제도를 정비해야 한다는 의미를 가지고 있다.[14]

---

14) 류시조, "가상공간에 있어서 표현의 자유", 「헌법학연구」, 제5집 제1호, 한국헌법학회, 1999, 219면.

넷째, 판례분석의 연구도 필수적으로 수행하게 된다. 헌법재판소, 법원의 판례 중에서 방송규제에 관한 판례들이 분석의 대상이 됨은 물론이다. 이러한 분석은 실제사례에 대한 법적 판단이라는 점에서 현재 우리 법리에 대한 파악은 물론이고 이를 통해 보다 현실적인 개선방안을 마련하기 위한 문제점을 진단할 수 있을 것이다.

Ⅱ. 방송의 법적 개념

1. 방송의 일반적 개념

   법적인 의미에서의 방송의 개념은 우리가 일반적으로 사용하고 있는 방송이라는 용어를 사회적 합의와 입법과정을 통해 공식적으로 정의한 것이다. 방송의 법적 개념을 규명하기 위한 사전단계로서 방송의 일반적 개념 기준에 대한 논의는 방송·통신융합에 따라 변화된 기준을 어디까지 법적 개념으로 포함시킬 것인가에 대한 문제이기도 하며, 민주적 여론형성 등 다양한 공적 기능을 수행하는 방송시장에 대한 규제범위를 설정하기 위한 기준 정립을 위해서도 반드시 필요한 것이다. 언어적 측면에서 방송의 의미를 파악해 보면 방송은 어느 특정 지역이나 특정인만을 한정하는 개념이 아니라 불특정 다수의 일반인을 포괄하고 있다는 것을 알 수 있고 이는 방송이 대중매체로서 가지는 영향력과 중요성을 강조하고 있는 것이다.[1]

   전통적으로 방송과 방송이 아닌 것을 구별하기 위한 방법으로 다양한 기준들이 제시되어 왔다.[2] 이와 관련하여 W. Rudolf는 헌법상 방

---

1) Vgl. Degenhart, Rundfunk und Internet, ZUM 1998, S. 333(336); Bernard, Rundfunk als Rechtsbegriff, 2001, S. 106ff.

2) 방송과 다른 매체의 구별기준에 관해서는, vgl. Marian Paschke, Medienrecht, 1993, S. 6f.; Bodo Pieroth/Schlink, Grundrechte Staatsrecht Ⅱ, 2000, S. 138f. 참조.

송개념을 구체화하고 이를 토대로 신문과 다른 전파매체와 구분하기 위해서는 다음의 몇 가지 요소를 충족해야 한다고 주장한다.3) 첫째, 방송은 유·무선을 통하여 전자파를 전달한다는 점에서 신문과는 구별되며, 다른 전파매체와는 동일하다. 둘째, 방송은 사실과 의견의 전달행위라고 할 수 있으며, 이러한 역할은 개인의 의사형성뿐만 아니라 대중의 여론형성을 위한 적절한 수단으로 보도의 대상이 매우 다양하다고 할수 있다. 셋째, 방송은 산발적이고 무계획적 전달이 아니라 구성적·계획적 전달을 수행하고자 노력한다. 즉 방송은 사전에 설정된 방송편성안에 의하여 프로그램을 제공하므로 각각의 프로그램은 전체 방송편성안을 구성하고 있으며, 이런 점에서 다른 전파매체와 구별된다. 넷째, 방송은 대중매체이기 때문에 프로그램은 공공성을 지향할 수밖에 없고, 일반 대중은 프로그램 시청을 통하여 그 내용을 수동적으로 수용할 뿐이다. 이러한 점에서 방송은 기본적으로 쌍방통신이 아니라 일방적 정보전달이고 일반 대중을 대상으로 하지 않는 매체는 방송이라 할수 없다.

그러나 이와 같은 전통적인 방송의 기준들이 스마트미디어 환경하에서 여전히 유효한 것인가에 대해서는 많은 의문점들이 있다. 즉, 전광판방송·전자신문·VOD(Video on Demand, 이하 'VOD'라 한다)·IPTV·OTT(Over The Top)4) 등으로 대표되는 방송과 통신의 융합적 혼합미

---

3) Vgl. W. Rudolf, Öffentlich-rechtliche Aufgaben eines Rundfunkgesetzes im demokratischen Verfassungsstaat, 김병기 번역, "민주적 헌정질서하에서 방송법의 공법적 과제", 「공법연구」, 제28집 제4호 제1권, 2000, 194-195면.
4) 기존의 통신 및 방송사업자와 더불어 제3사업자들이 인터넷을 통해 드라마나 영화 등의 다양한 미디어 콘텐츠를 제공하는 서비스(Naver. 국어사전).

디어의 출현은 방송의 서비스 및 내용 측면에서 지상파를 이용하던 종전의 전송방식과는 달리 다량의 정보를 전송할 수 있는 유선 전송선로를 개발하게 함으로써 전송수단의 양적·질적인 변화를 가져왔다. 그 결과 전달되는 내용(contents)의 양을 현저히 증가시켰는데, 이에 따라 미래의 방송은 불특정 다수(공중)의 공동취향을 대상으로 하는 것이 아니라 동질취향의 소수를 대상으로 하는 방송으로 변모되고 있다.5)

따라서 이와 같은 방송·통신 융합환경하에서는 전통적으로 제시되었던 방송개념에 더하여 보완된 기준들이 제시되어야 할 것이다. 예컨대, 소수 동질취향의 콘텐츠의 쌍방향적 송수신이 가능하고, 송신수단은 반드시 전파를 사용할 것을 요하지 않으며, 어떠한 단말기를 사용한다고 하더라도 그 내용이 특정 또는 불특정 다수에게 의도성을 가지고 전달된다는 것 등이 추가적 요건으로 포함되어야 할 것으로 생각된다. 이러한 기준에 의할 경우 음향, 음성, 데이터와 이들의 복합체로 이루어진 콘텐츠가 인터넷, 휴대전화 등의 매체를 통한 경우라도 방송의 개념에 폭넓게 포섭될 수 있으며, 사회·문화·경제적 측면에서 합리적이고 균형 있는 규제기준 마련이 가능하다.

이하에서는 앞에 제시된 방송의 일반적 기준을 근거로 외국과 우리나라의 방송의 법적 개념을 비교하고 방송·통신 융합 및 경쟁적 환경하에서 사회·문화적 규제와 시장에서의 규제를 받아야 하는 방송의 법적 개념이 어떻게 보완되고 추가되어야 하는지에 대하여 논의하고자 한다. 방송의 법적 개념의 확정은 특정 서비스가 방송서비스에 해당되는

---

5) 방석호, 「미디어 법학」, 법문사, 1997, 379면.

지 구별하기 위한 논의의 출발이자 전제이다. 이하의 논의에서는 방송의 개념뿐만 아니라 각국에서 규정하고 있는 "방송서비스"6)의 분류에 대해서도 알아보고자 한다.

2. 외국에서의 방송개념

방송·통신 융합이라는 시대적인 조류에서 방송의 개념이 어떻게 변화되고 있는지에 대한 외국법제의 고찰은 우리나라 방송법제 정립에 새로운 방향성을 제시하는 참고자료 또는 비교자료로 활용될 수 있다. 이하에서의 비교법적 고찰은 방송에 대한 공동의 규제원칙 유지를 천명하고 있는 유럽공동체 국가들과 이들 국가들에 대응하여 독자적인 논의를 하고 있는 미국, 일본을 대상으로 하였다.

1) 유럽연합 소속 국가

수년 전부터 EU에서는 방송서비스의 규제에 있어서 동일서비스에 대해서는 동일한 규제 원칙을 적용한다는 이른바 수평적 규제체제로의 전환을 위한 활발한 논의를 했다. 수평적 규제체제에 관한 논의의 핵심은 서비스간 경쟁을 촉진하기 위해서는 특정 망과 기술방식의

---

6) 방송서비스에 해당되는지의 여부에 대한 판단은 방송시장에 대한 규제를 위해 매우 중요한 의미가 있다. 즉, 방송서비스에 해당성 여부 판단은 방송시장에서의 규제범위를 명확히 하는 측면에서 의미가 있을 뿐만 아니라 통신 등 이종의 서비스와 결합된 형태(결합상품)로 제공되는 서비스의 역기능(약탈적 가격형성 및 시장의 독점에 따른 여론형성의 선점 및 주도 등)을 규제하는 측면에서 매우 유용하다.

선호에 의해 차별적인 경쟁환경을 조성해서는 안 된다는, 소위 망중립성 (Network Neutrality) 또는 기술중립성(Technological Neutrality)의 원칙이다. 이는 기술발전에 따라 망의 사용범위가 확대되나, 이러한 현상은 하나의 망에서 제공되는 상이한 서비스를 동질화시키거나 각 서비스들의 규제목적이 되는 공익목표를 동일하게 만들지 않는다는 것이다. 또한, 동일 또는 유사서비스에 대한 규제의 일관성과 형평성 유지는 유사 서비스간의 건전한 경쟁을 촉진할 뿐만 아니라 융합환경에 대응하여 한층 더 향상된 규제를 위한 전제적 조건으로 기능할 수 있다.7)

　　방송에 대한 이러한 수평적 규제체제의 전환 논의는 규제대상인 방송서비스의 범위를 어떻게 확정할 것인지를 문제의 출발점으로 하고 있으며, 방송서비스간 규제를 적용하는 데 있어서 사회문화적 규제뿐만이 아니라 시장에 대한 규제에 있어서 유용한 논리로 활용될 수 있을 것으로 예상된다. 이와 같은 논의는 지난 1989년 유럽공동체의 경제적 이익을 보호하기 위한 '국경 없는 텔레비전 지침'(Television without Frontiers Directive 이하 'TFD'라 한다.) 제정을 출발점으로 하여 점진적으로 확산되었다.8) 1997년에 제1차 개정된 TFD에서는 방송규제의 범

---

7) 오용수/정희영, "방송통신 융합에 따른 규제체제 전환의 정책방향", 「방송연구」, 2006년 여름호, 방송위원회, 142면.

8) 유럽공동체 국가들은 방송분야에 있어 미국과의 방송 프로그램 교역상의 적자가 급증하고 있다는 사실에 긴장하게 되었고, 그것은 유럽 방송 분야의 발전을 위한 공동의 규제 프레임을 설정하자는 논의로 이어져 1989년 '국경 없는 텔레비전 지침'(Television without Frontiers Directive)을 제정하게 되었다. 동 지침은 유럽공동체 국가들간 방송프로그램에 대한 시장확대와 자유로운 유통을 보장하며 궁극적으로는 방송부문에 있어서 유럽공동체 국가들의 단일시장 형성과 방송프로그램 산업육성을 목적으로 하고 있다.

위를 VOD와 같은 새로운 방송 서비스로 확장하는 등의 범위 확대는
억제하고, 방송의 신기술 발전으로 인한 시장의 변화에 적응하는 수준
에서 방송사업자들에 대한 각 공동체 성원국의 법적 해석과 관련된 각
종 정의를 명시하거나, 국가적으로 중요한 사건에 대한 반독점 중계권
의 원칙적용, 어린이 보호 강화 등을 주된 내용으로 하였다. 그러나 이
후 2002년에 나온 제4차 보고서는 디지털 기술과 방송시장 변화로 인
해 유럽 방송계 현황이 변화하면서 기존의 TFD의 규제 프레임을 바꾸
어야 한다고 지적하고 있다.9) 이에 따라 유럽연합 내부에서는 방송의
개념을 포함하여 방송에 관한 규제프레임 워크 설정을 위한 지침개정
을 완료하고 개별국 차원의 법률개정을 완료하였다.10) 방송개념을 규
명함에 있어 방송에 대한 철학과 비전을 함께 조율하고 있는 유럽공동
체 국가들에 대한 고찰은 우리나라 법제 정비시 참고가 될 수 있을 것
이다. 또한, 이러한 서유럽국가와 별도로 비교적 방송법제 정비에 관한
논의가 활발한 미국, 일본의 경우에 대해 알아보는 것도 방송시장 규제
의 대상으로서 방송의 개념을 파악하는 데 의미가 있다.

가. 영 국

영국의 방송법 규율체계는 방송환경의 급속한 변화를 수용하면서
짧은 기간 동안 많은 개정을 거듭하다가 2003년 7월 17일 방송과 통
신을 아우르는 커뮤니케이션법(Communication Act 2003)이 제정되었
다.11) 영국 방송법규들은 방송의 법적 개념에 관해 포괄적인 정의규정

---

9) 홍석경, "유럽 방송 정책의 이슈와 변화 동향", 「동향과 분석」, 한국방송영상산업진
   흥원, 2003년 11월 29일 통권 187호 참조.
10) http://ec.europa.eu/avpolicy/reg/avms/index_en.htm 참조.
11) 영국의 방송법 체계는 BBC에 적용되는 칙허장(royal charte)과 BBC를 제외한 모든

을 두고 있지 않으나 다만, 2003년 커뮤니케이션법에서 방송에 관하여
일반적 해석(General interpretation) 규정을 두고 방송을 무선전신에 의
한 방송으로 정의하고 있다.[12] 이는 방송이 과거 전통적으로 무선전신
이라는 수단을 사용하고 있었다는 점 때문에 방송을 '무선전신'에 한
정하여 정의하고 있는 것으로 생각된다. 영국의 방송법규들이 방송에
관하여 비록 명확한 정의규정을 두고 있지 않다 하더라도 방송에 관해
서는 방송서비스별로 각 개별법에 근거를 두고 규제하고 있다.

　　방송서비스에 대한 규제는 방송서비스의 유형에 따라 1990년 방송
법(Broadcasting Act 1990), 1996년 방송법(Broadcasting Act 1996), 2003
년 커뮤니케이션법의 적용을 받고 있다. 1990년 방송법은 기존의 아날
로그 방송서비스를, 1996년 방송법은 디지털 방송서비스를 규율하고
있다. 1990년 방송법에 의한 방송서비스는 독립텔레비전서비스, 지역
전송서비스, 독립라디오서비스로 구분된다. 독립텔레비전서비스에는
지상파텔레비전방송사업, 위성방송서비스사업, 채널사업, 부가서비스사
업이 있으며, 지역전송서비스에는 케이블서비스사업, 독립라디오서비
스에는 라디오방송서비스, 라디오채널사업, 라디오부가서비스사업이
있다.[13] 1996년 방송법은 크게 디지털방송서비스를 디지털텔레비전지

방송에 적용되는 방송법으로 나누어진다. 칙허장(royal charte)은 국왕이 부여하며
칙허장의 포괄적 사항은 협정서(the agreement)에 구체적으로 규정된다. 1927년
제정 후 12차례나 개정되었으며, 2007년 개정 칙허장은 10년간 유효하다. 방송법
은 1990년 이전에는 1954년 텔레비전법과 1984년 케이블방송법으로 분리하여 규
율하고 있었으나, 1990년 방송법으로 통합되었다. 1990년 방송법은 상업방송 면허
에 대한 경쟁 입찰제를 도입하였으며, 1996년 개정 방송법에서는 디지털 지상파방
송의 경쟁구조를 마련하였다. 2003년 커뮤니케이션법은 방송·통신 통합 규제기구
인 OFCOM의 설립과 BBC에 대한 외부규제를 강화하였다.

12) Communications Act 2003, Part 6, 405(1).
13) Broadcasting Act 1990, part I, II, III 참조.

상파방송과 디지털오디오방송으로 구분하고 있는데 각각의 서비스에는 멀티플렉스서비스, 디지털채널사업, 디지털부가서비스가 있다.[14)

2003년 커뮤니케이션법은 방송과 통신을 통합적으로 규율하고 있는데, 이 법에서는 네트워크라는 시설기반 측면과 이를 이용한 서비스 측면을 구분하여, 네트워크는 전자통신망(Eletronic Communications Network)이라는 개념으로, 서비스는 전자통신서비스(Eletronic Communications Service)와 콘텐츠서비스(Contents Service)의 개념으로 분류하여 규정하고 있다. 동법은 전자통신망(Eletronic Communications Network)을 '모든 표현적 신호를 전자기적으로 전달하는 송신시스템과 그 관련 장비'라고 정의하여 통신과 방송서비스를 제공할 수 있는 기반시설로 규정하고 있다.[15) 또 동법은 전자커뮤니케이션서비스(Eletronic Communications Service)란 '전자통신망을 이용하여 신호의 전송으로 이루어진, 혹은 그것이 주요기능인(즉 신호전송을 주목적으로 하는) 서비스를 말한다'고 정의하고 있는데,[16) 이는 전통적인 통신서비스를 의미한다고 볼 수 있다. 또한, 콘텐츠서비스(Contents Service)는 '신호를 통해 전달되는 내용물이나 그 내용물에 대한 편성 가공 등을 통한 내용물'이라고 정의하고 있는데 이것이 방송서비스에 대한 정의규정이라고 할 수 있다.[17)

영국에서는 전통적 통신서비스와 인터넷 등을 기반(Information Society Service)으로 하는 서비스를 제외한 나머지를 방송서비스에 해당하는 것으로 보고 있기 때문에 사회·문화적인 측면에서뿐만 아니라

---

14) Broadcasting Act 1996, part I, II 참조.
15) Communications Act 2003, Part 2, 32(1).
16) Communications Act 2003, Part 2, 32(2).
17) Communications Act 2003, Part 2, 32(7).

경제적 규율대상으로서의 방송서비스를 비교적 명확하게 구분하고 있다고 볼 수 있다.

나. 프랑스

프랑스는 제5공화국 헌법전문에 반영된 1789년의 인권선언 제11조의 사상과 의사표현의 자유를 바탕으로 하여 1986년 커뮤니케이션 자유법(Loi No 86-1067 relative à la liberté de communication)을 제정하였는데, 방송의 정의에 관한 동법의 규정들이 2004년에 개정되었다. 개정 이전 법에서는 방송과 통신에 관한 정의를 다음과 같이 규정하고 있었다. 동법 제2조는 방송을 '개인적 서신의 성격을 지니지 않는 모든 종류의 소리, 영상, 문서, 기호, 신호 또는 메시지를 통신수단을 통해 공중 및 공중의 범주가 사용할 수 있는 것'으로 정의하고 있으며, 통신(télécommunication)은 '모든 종류의 소리, 영상, 문서, 기호, 신호 또는 유선이나 광통신에 의한 모든 종류의 정보 및 기타 전기기기시스템에 의하여 전달되는 방송 및 수신을 말하는 것'으로 정의하였다. 개정 이전 법상의 이러한 정의에 비추어 볼 때, 방송과 통신은 그 메시지의 전달 내용 및 성격에 따라 구분되어지는 것으로 해석된다. 즉, 방송의 정의에 '개인적 서신의 성격을 지니지 않는다'는 문구를 삽입함으로써 통신과의 개념을 구별하고 있었으며, 방송을 '개인적 서신의 속성을 지니지 않는, 소리, 영상의 내용물들, 통신수단, 공중'이라는 용어를 열거적으로 사용함으로써 방송이 사회문화적으로 매체라는 징표를 제시하고 있었다. 또 통신을 정의하면서 전달방식 및 수단에 의한 기술적인 측면을 강조함으로써 통신의 개념에 방송이 포함되는 것으로 규정하고 있었다.

그러나 프랑스는 2004년 유럽연합의 지침을 국내법으로 전환, 수용하기 위하여 방송 및 통신 관련법의 제·개정을 통한 정비를 하였는데,18) 개정된 2004년 '커뮤니케이션 자유법'에서는 과거 방송과 통신을 개념적으로 구분하려는 시도를 지양하고 이 두 가지 개념을 모두 포괄하는 전자커뮤니케이션이라는 용어를 도입한 것이다.19) 동법에 의한 전자커뮤니케이션은 '전자기 장치를 통해 기호, 신호, 텍스트, 영상과 음향을 송출·전송·수신하는 것'으로 정의된다. 그리고 이러한 전자커뮤니케이션을 전자커뮤니케이션 네트워크와 전자커뮤니케이션 서비스로 분류하고, 네트워크의 성격에 따라 사적 서비스에 해당하는 개인적 전자커뮤니케이션 서비스와 공적 서비스에 해당하는 전자장치를 이용한 공중 전자커뮤니케이션 서비스로 구분하고 있다.

전자커뮤니케이션 중 전자장치를 이용한 공중을 향한 커뮤니케이

---

18) 2002년 유럽공동체 차원의 '빠케 텔레콤'(Paquet Telecoms) 조약이 체결되었고, 정부의 정보 사회 내의 디지털 공화국 건설을 위한 계획의 1단계였던 2004년 6월 '디지털 경제에서의 상호 신뢰에 관한 법' 제정에 이어서 2004년 7월 '전자커뮤니케이션과 시청각 커뮤니케이션 서비스에 관한 법'이 제정되었으며, 또한, 기존의 '우편과 통신법'을 2004년 7월 '우편과 전자 커뮤니케이션법'으로 대체하고, 2004년 10월에는 기존의 1986년 '커뮤니케이션 자유법'을 개정하였다. '빠께 텔레콤'으로 불리는 유럽 차원의 방송통신 융합 환경에 대한 규제적 대응의 원칙은 "1) 유럽 전자 커뮤니케이션 시장의 경쟁을 활성화한다. 2) 방송과 통신을 포함하는 전자 커뮤니케이션 네트워크 전체에 조화로운 규제 환경을 건설하고, 반대로 이 네트워크 상에서 제공되는 콘텐츠는 별다른 규제의 대상으로 둔다. 3) 각국에서 이러한 규제의 실천은 자국 규제기구(Autorités de Régulation Nationales, ARN)의 역할이다. 4) 개별 분야의 규제 원칙을 일반 경쟁의 원칙에 접근시킨다. 5) 유럽 공동체 내에서 각국 규제기구들 사이의 상호협력을 강화한다. 6) 각국 규제기구의 의결권을 강화하는 반면, 유럽위원회는 이 결정에 대한 비토권을 지닌다"로 요약된다(홍석경, "방송통신 융합환경을 수용하는 프랑스의 개정 방송법", 『방송동향과 분석 통권』, 제205호, 한국방송영상산업진흥원, 2004. 10 참조).

19) DDM(Direction du Développement des Médias), 〈Consultation Publique: Sur la transposition en droit francais de la directive 2007/65/CE du 11 decembre 2007, dite directive 〈Service de médias audiovisuels〉〉, 2008. 2.

션은 전자커뮤니케이션 과정을 통해서 개인적 서신의 특성을 지니지 않는 모든 종류의 기호, 신호, 텍스트, 영상과 음향을 전체 또는 특정 공중이 접근할 수 있도록 공시하는 것을 의미하며, 유·무선의 어떤 네트워크를 통해서든 그것이 전자커뮤니케이션의 방법으로 전달되어 공중에 전달된다면 네트워크의 종류에 상관없이 전자장치를 통한 공중을 향한 커뮤니케이션의 개념에 해당되게 된다. 전자장치를 통한 공중을 향한 커뮤니케이션은 이와 같이 기존의 방송서비스이든 통신서비스이든 간에 여하한 방법으로 공중에 전달되어 영향을 미칠 수 있는 서비스를 총칭하는 개념으로 사용되었다. 전자장치를 이용한 공중 전자커뮤니케이션 서비스의 개념은 다시 공중온라인 커뮤니케이션과 시청각 커뮤니케이션으로 구분된다.

공중온라인 커뮤니케이션은 발신자와 수신자 사이에 정보의 상호교환을 가능케 하는 전자 커뮤니케이션 과정을 통해 개인적 서신의 성격이 아닌 디지털 데이터를 개인의 요구에 의해 전송하는 모든 행위를 말한다(디지털 경제 속의 상호신뢰에 관한 2004년 6월 21일 법 제1조). 따라서 공중온라인 커뮤니케이션은 온라인을 통해 공중에 전파되기는 하지만 기존의 방송과 동일하거나 유사한 의사형성력이 인정되지 않는 서비스를 말한다. 즉 "인터넷방송"[20]이나 "UCC"[21] 등과 같이 공중에

---

20) 인터넷을 이용하여 방송프로그램을 전송하는 방송매체이며, 기존 방송방식과는 달리 인터넷 방송용으로 콘텐츠를 제작하여 국내뿐만 아니라 전 세계 네티즌을 대상으로 중계한다. 이러한 인터넷방송이 웹상에서 구현되고 개방되어 있을 경우, 이를 웹 캐스팅이라고 한다. IPTV는 인터넷 전송방식을 이용하지만 특정 가입자를 대상으로 하고 있으며 방송수신이 폐쇄되어 있어 여기에서 말하는 웹 캐스팅과는 다르다.

21) UCC(User Created Contents)는 사용자가 직접 제작한 콘텐츠를 말한다. 사용자가 상업적인 의도없이 제작한 콘텐츠를 온라인상으로 나타낸 것이다. 미국에서는 일반적으로 UGC(User Generated Contents)로 알려져 있다(http://100.naver.com/

전파되었으나 아직 사회에 전반적인 영향을 미치지 않는 서비스들을 총칭한다.

시청각서비스(services audiovisuels)는 전자장치를 이용한 전자 커뮤니케이션 서비스 중 "공중 온라인 커뮤니케이션"(가령 인터넷방송)22)을 제외한 개념이다. 바꾸어 말하면 이 개념은 전송방식이 무엇이든 상관없이 라디오와 텔레비전 서비스, 그리고 디지털 경제 속의 상호신뢰에 관한 법에 정의된 공중 온라인 커뮤니케이션에 속하지 않는 기타 전자 장치를 이용해서 행해지는 공중을 향한 모든 커뮤니케이션을 의미한다.23)

프랑스의 커뮤니케이션 자유법은 방송을 단순한 산업 이상의 것으로서 문화적 이데올로기적 의미를 지니는 것으로 파악하고 있으며, 이에 따라 방송분야에 있어서는 문화적 예외와 다양성의 원칙 및 양질의 보편적 서비스 제공 가능성을 유지하면서도 새로이 나타나고 있는 시장경제에 대한 수요를 어떻게 수용할 수 있는가 하는 문제의식을 바탕으로 정책을 형성하고 법제를 정비하였다고 평가된다.24)

100.nhn?docid=821450).

22) 공중 온라인 커뮤니케이션은 발신자와 수신자 사이에 정보의 상호교환을 가능하게 하는 전자 커뮤니케이션의 방식에 의해 사적 통신의 성격을 지니지 않은 디지털 데이터를 개인의 요구에 의해 전송하는 것을 총칭한다.

23) 여기에는 시청각 작품, 영화, 음향을 전체 또는 특정 공중이 접근할 수 있도록 공시하는 서비스(텔레비전+라디오 서비스)와 기타 공중 커뮤니케이션(VOD)이 포함된다. 이 중 '텔레비전 서비스'는 전체 또는 특정 공중에게 동시에 수신될 수 있도록 전자 장치를 통해 영상과 음향으로 이루어진 편성된 내용을 주된 프로그램으로 하는 공중을 향한 커뮤니케이션을 말한다. 한편 '라디오 서비스'는 전체 또는 특정 공중에게 동시에 수신될 수 있도록 전자장치를 통해 음향으로 이루어진 편성된 내용을 주된 프로그램으로 하는 공중을 향한 커뮤니케이션을 말한다.

24) 공용배 외 4인, 『방송통신의 법제적 개념재정립 방안』, 방송위원회 연구보고서, 2006, 104면.

다. 독 일

방송국가협약(Rundfunkstaatsvertrag)은 독일의 이원적 방송체제의
토대가 된다. 지상파, 케이블, 위성 등을 통해 전달되는 방송서비스를
통합적으로 규율할 목적으로 1987년 제정되었고, 독일 내의 모든 주의
공·민영방송에 적용되는 방송에 관한 공통규범이다. 최근 방송국가협
약은 '방송과 텔레미디어를 위한 국가협약'으로 개정되었고, 2007년 3
월 1일부터 법적 효력이 발생되었다.25) 개정된 방송국가협약 제2조 제
1항은 방송을 '모든 종류의 말, 소리, 그림 등으로 묘사되어 있는 것을
유·무선 전파를 통해 불특정 다수를 대상으로 제작편성과 송출하는 것
을 말한다(이상 제1문). 이 개념은 암호화되어 송출되거나, 유료로 수신
할 수 있는 것을 포함한다(이상 제2문)'고 정의하고 있다. 독일에서는
'일반'을 대상으로 하는 것인지 아니면 '개인적 차원에서의 이용'인
것인지가 방송과 통신을 구분하는 중요한 기준이 된다.

그러나 이러한 구분을 통해 방송과 통신으로 명확하게 구분이 되
지 않는 매체에 대해서는 규제적용의 문제가 발생하는데, 이를 해결하기
위하여 1997년 미디어서비스국가간협약(Staatsvertrag über Mediendienste)
을 체결하였다. 따라서 미디어서비스국가간협약 제2조 제1항은 미디어
서비스를 '일반을 대상으로 무선 또는 유선에 의한 전자파를 이용하여
보급되는 문자, 음성 및 영상 형태의 정보 및 커뮤니케이션 서비스로서
개인 커뮤니케이션 서비스와 방송 프로그램은 제외 된다'고 규정하고
있다.26) 방송과 미디어서비스간에 영역구분의 문제가 발생할 때는 해

---

25) 방송국가협약의 역사적 발전추이에 관해서는 vgl. Ring, Medienrecht, Bd. 1, Teil C.
26) Vgl. G. Gounalaki, Konvergenz der Medien -Sollte das Recht der Medien har-
    monisiert werden?, in: 64. DJT(Berlin 2002), C9ff.

당 서비스가 방송의 규제를 받아야 하는지 아니면 미디어서비스국가협약의 제 규정을 따라야 하는지에 대해서는 주 매체기구들이 결정한다. 미디어서비스의 경우 원래 허가를 필요로 하지 않지만 만일 독일 내의 모든 주 미디어관리청이 당해 미디어서비스가 방송에 준하여 허가가 필요한 미디어서비스에 해당된다고 결정하는 경우에는 예외적으로 당해 미디어서비스 공급자들은 각 주의 "방송법에 의거하여 허가"를 얻어야 한다고 규정하고 있다.27)

독일에서의 방송개념은 헌법상 보호의 대상이 되는 매체인지의 여부에 따라 달라진다. 헌법상 방송개념으로 보호되지 않을 경우 방송으로서의 규제의 대상이 되지 않는다. 즉 독일의 경우는 영국이나 프랑스와 마찬가지로 새로 출현하는 융합형 미디어출현에 대해서 개별적 또는 구체적으로 파악할 수밖에 없는 방송개념에 대한 미확정성을 가지고 있다고 할 수 있다.

2) 미 국

방송·통신 융합에 따른 변화를 반영하기 위하여 1934년 커뮤니케이션법(Communication act of 1934) 등 기존 관련 법규를 대폭 개정한 1996년 커뮤니케이션법(Communication act of 1996)은 방송을 '공중에 의해 직접 또는 중계(intermediary) 무선국이라는 매개자에 의해 수신되게 할 의도로 무선통신을 전파하는 것'으로 정의하고 있으며,28) 유선망을 이용한 방송서비스의 일종인 케이블서비스는 '가입자에게 비디오

---

27) 방송국가협약 제20조 제2항 제1문; 일반적으로 감독담당 행정조직과 그 절차에 관해서는 G. Gounalaki, a.a.O., C86ff.

28) Telecommunications Act of 1996, Section 3.

프로그램 또는 다른 프로그램 서비스의 일방향 전송'으로 정의하고 있다.[29] 미국에서는 영국과 마찬가지로 방송이 무선통신을 수단으로 한다는 점을 강조하여 방송의 개념을 정의하고 있으나, 다수의 시청자 또는 불특정 또는 공중을 대상으로 전송하는 것을 방송이라고 파악하고 개별적 서비스가 사회문화적 규제 필요성이 있는 경우 방송과 같은 규제를 하고 있다.[30]

1996년 텔레커뮤니케이션법은 1934년의 커뮤니케이션법에서 규정해 놓고 있었던 서비스제공업자(Common Carrier), 정보서비스(Information Service), 통신(Telecom-munication), 통신사업자(Telecommunications Service)의 분류방식을 통신서비스와 정보서비스로 구분하였다. 미국은 방송과 통신을 엄격히 구분하려는 이분법적 태도를 취하기보다는 포괄적으로 커뮤니케이션서비스 또는 융합형 서비스의 개념 자체를 받아들이는 입장이다. 처음부터 방송과 통신의 규제기구가 단일화되어 규제를 받아온 미국은 이종 사업자간 이해의 대립이 많이 발생하지 않는다고 할 수 있다. 이는 동일 규제기관에서 이해 당사자들의 의견을 청취하면서 산업적 이익과 공공의 이익을 적절하게 조정하려는 노력을 해 왔기 때문이다. 또한, 미국의 서비스 분류와 규제정책의 특징은 서비스융합에 대한 규제의 목적을 커뮤니케이션에서의 다양성 고취와 방송시장에서의 경쟁을 촉진하기 위한 데 두고 있으며, 이를 위해 전송과 콘텐츠에 대해

---

29) Telecommunications Act of 1996, Section 601.
30) 1934년 커뮤니케이션법에서는 케이블TV에 대한 규제근거를 두고 있지 않았다. 이는 케이블TV의 전송수단이 지상파방송과 다른 유선망을 이용한다는 점에서 통신의 성격을 갖춘 매체로 파악하고 있었다. 그러나 이후 케이블TV 서비스 내용이 방송과 같다는 것을 인식하고 1984년에 케이블TV법을 제정하면서 방송과 같은 수준의 규제를 하게 된 것이다.

각기 다른 진입규제를 적용하는 수평적인 규제를 취하고 있다.31) 미국
에서의 수평적 규제란, 각각의 서비스에 대해 별도의 규제를 가하는 수
직적 규제와는 다르게 각각의 서비스를 모두 동일하게 경쟁하는 유사
서비스로 간주해서 규제하는 방식을 말한다. 이러한 수평적 분류는, 최
근 방송과 통신간의 경계가 허물어지면서 개방형접속체제(open access
environment)로의 전환과 함께 활발하게 논의되고 있는 계층적 접근 규
제 모델(layered model)과 맥을 같이하는 것이다. 계층적 규제 모델이란
인터넷의 구조를 바탕으로 계층적으로 접근하는 모델을 말한다.32)

　　그러나 미국이 방송통신 융합형 서비스의 수용에 대한 포괄적인
인식을 가지고 있다고 하더라도 사회문화적 특성이 강한 매체에 대해
서는 서비스의 특성에 따라 보다 강화된 규제를 유지하고 있다. 예컨대
케이블TV는 미국의 커뮤니케이션법상 방송으로 정의되지 않지만 그에
대한 규제는 방송과 같은 수준으로 하고 있다. 최근 미국 법원의 판례
는 이러한 점을 잘 나타내주고 있다. 미국의 대표적 "복수종합유선방송사업
자(Multiple System Operator, 이하 'MSO'라 한다)"33)인 케이블비전 시스템즈

---

31) 미국에서의 수평적 규제논의에 관한 상세한 내용은 M. Mueller, "Voices of the
　　Public in Communication and Information Policy: Four Decades of Advocacy
　　and Congressional Hearings", 『Telecommunications Policy Research Conference』,
　　Virginia, October 2003 참조.

32) 즉 인터넷의 설계 모델에 근거해서 분류하는, 물리적인 전송층(physical)에 해당하
　　는 망사업자, 그리고 접속층(access)에 해당하는 서비스를 제공하는 인터넷서비스
　　사업자(ISP), 인터넷상의 응용층(application)에 해당하는 서비스를 제공하는 응용
　　서비스사업자(ASP), 마지막으로 콘텐츠층(content)에 해당하는 콘텐츠를 제공하는
　　사업자로 분류하는 것을 말한다. 이러한 분류를 적용하게 되면 수직적으로 역무별
　　로 구분하던 것을 계층별·기능별로 구분할 수 있게 된다는 것이다. 예컨대 현재 네
　　트워크에 대한 진입규제와 서비스 제공 면허를 분리하는 것은 이러한 계층적 모델
　　을 적용한 데 따른 것이라고 할 수 있다.

33) 'Multiple System Operator'는 복수의 케이블 텔레비전 시스템을 소유하고 운영하
　　는 회사를 말한다. 미국 케이블 텔레비전은 초기에 소규모 경영의 시스템이 많았으

(Cablevision Systems)와 NECTA(New England Cable & Telecommunications Association)가 주정부를 대상으로 AT&T의 IPTV 서비스(U-verse TV)가 전통적인 케이블TV 사업자로 간주하지 않는 것에 대하여 소송을 제기했는데 미국 코네티컷 주의 법원은 'AT&T의 IPTV 서비스(U-verse TV)'가 양방향 서비스라 하더라도 시청자의 화면상에서 고전적인 케이블TV와 같은 형태로 제공되기 때문에 법상의 케이블TV 개념 규정에 부합된다는 판결을 내린 바 있다.[34] 이와 같이 미국 커뮤니케이션법은 방송서비스의 일종인 케이블TV에 대해서 강한 공적규제를 규정하고 있으므로 방송을 정의함에 있어 기술적인 수단은 방송과 통신을 구분하는 특징적인 요소로 기능하지 않는다고 할 수 있다. 이와 같은 판단의 근거는 궁극적으로 방송은 유·무선 전기통신설비를 기반으로 할 수밖에 없는바, 기술적 수단과 사회적 규제는 관련성이 없다는 것을 보여주는 것이다.

3) 일 본

일본도 우리나라와 마찬가지로 방송법과 통신법이 분리된 이원적 법체계를 가지고 있다. 일본의 방송법 체계는 단일법 체계가 아닌 '방송법', '유선텔레비전방송법', '방송대학학원법', '유선라디오 방송업무의

나 1960년대 이후 인수·합병이 성행하여 각지에서 다수의 케이블 텔레비전 시스템을 소유 운영하는 대규모 MSO가 등장했다.

34) Office of Consumer Counsel and New England Cable & Telecommunications Association, Inc. v Southern New England Telephone Company d/b/a/ AT&T Connecticut, Inc. and Department of Public Utility Control of the State of Connecticut, Case No. 3:06cv1106(JAB).

운영규정에 관한 법률' 등 다양한 법률들로 구성되어 있다.35) 이와 같은 방송관련법 체계는 우리나라와 같이 지상파방송사업, 위성방송사업, 이동멀티미디어 방송사업, 종합유선방송 등의 유·무선 수단을 이용하는 모든 방송매체를 통합적으로 규율하고 있는 법체계와 다르다. 일본은 지상파방송사업, 위성방송사업, 데이터방송사업, 위성이동멀티미디어방송사업에 대해서는 방송법의 규율대상으로 하고 있으며, 케이블TV사업에 대해서는 규율 유선텔레비전방송법에서 별도로 규율하고 있다.

일본의 방송법 제2조 제1호는 방송을 '공중에 의해 직접 수신될 것을 목적으로 하는 무선통신의 송신'으로 정의하고 있으므로 일본 방송법상 방송은 지상파방송 및 위성방송과 같은 무선통신을 수단으로 하는 방송만을 방송법에 의한 방송으로 규정하고 있다. 그러나 이는 케이블TV와 같이 유선을 이용한 매체를 방송서비스로 분류하지 않겠다는 의미가 아니라 단지 역사적, 문화적 입법기술상의 이유로 인하여 별도의 법에서 규율되고 있는 것이다. 일본의 무선과 유선에 따른 별도의 법체계 유지는 전파자원에 대한 특수한 관점이 입법에 반영된 것이다. 즉, 일본의 현행 전파법 제2조 및 방송법 제2조에서 방송을 무선통신의 일종으로 규정하고 있는데 이는 원칙적으로 방송전파를 발사하는 방송국은 전파법에 의한 규제를 받는 것을 당연하게 생각해 왔고, 이러한 논리로 인해 방송국은 무선국의 일종으로서 면허를 받을 수밖에 없었다. 일본의 방송·통신의 서비스 분류 체계는 다음과 같다.36)

---

35) 일본의 통신법 체계 역시 방송법체계와 마찬가지로 '전기통신역무이용방송법', '전파법' 등 다양한 개별 법률이 존재한다. 일본의 무선통신분야의 기본법은 '전파법'으로 동법은 지난 1950년 6월 1일 '전파의 공평, 또한 능률적인 이용을 확보함으로써 공공의 복지를 증진하는 것'을 목적으로 제정되었다(일본 전파법 제1조).
36) 이하 상세한 내용은 김영덕, "일본의 방송·통신 융합현황과 제도", 「이슈리포트」

첫째, 방송사업자는 일반 지상파방송사업자, 일반 위성방송사업자 (전기통신역무이용방송사업자 포함), 케이블TV사업자, 전기통신(유선)역무 이용방송사업자, NHK 등으로 구분하고 있다.

둘째, 통신사업자는 대규모 전기통신회선설비를 설치하는 사업자 와 기타 사업자로 구분하고 있다. 2003년 이전에는 제1종 전기통신사 업자와 제2종 전기통신사업자로 구분하고 있었으나, 2003년 7월 전기 통신사업법의 개정을 통해 통신설비 보유 여부에 따른 제1종 전기통신 사업자와 제2종 전기통신사업자에 대한 구분을 폐지하고, 인터넷 보급 의 확산 등으로 인한 통신시장의 구조변화에 대응한 법체계 정비를 지 속적으로 추진하고 있다.

셋째, 동일 사업자가 동일한 설비(통신위성, 케이블 등)를 이용하여 방송서비스와 통신서비스를 제공하는 경우에는 방송관계법과 전기통신 사업법의 적용을 모두 받으며, 인허가, 약관, 회계보고 등의 신고 행위 를 방송사업자와 통신사업자의 지위로서 각각 실시해야 한다.

일본은 한국의 경우와 마찬가지로 '방송법'과 '통신법'이 각각 분 리된 규제체계를 유지하고 있으며, 방송과 통신의 개념 또한 이에 상응 하여 구분된다. 그러나 일본은 통신사업자가 위성방송사업을 할 수 있 도록 하는 '전기통신역무이용방송법'을 제정하여 이미 방송과 통신사 업자간의 융합을 도모하고 있으며, '공연성을 지닌 통신'과 '한정성을 지닌 방송'을 개념화시킴으로써 기존의 방송과 통신의 개념 정의를 완 전히 허물지 않으면서도 점진적이고 합리적인 규제정책을 도출할 수 있는 기초를 마련하고 있다.[37]

05-05, 2005, 한국방송영상산업진흥원, 16-17면 참조.
37) 일본 총무성(구 우정성)은 '21세기를 향한 통신·방송의 융합에 관한 간담회 최종보

4) 시사점

이상에서 논의된 각 국가별 법률상 규정된 방송개념을 정리하면 아래와 같다.38) 방송과 통신의 융합환경에 따라 각국은 방송과 방송서비스에 대한 개념의 전환과 규제체계의 변화를 시도하고 있다는 것을 알 수 있다. 방송과 방송서비스의 개념에 대한 각국 논의에 대한 시사

고서'에서 '공연성을 지닌 통신'과 '한정성을 지닌 방송'을 개념화하여 방송과 통신의 경계를 구분하려 하였다. 즉, '공연성을 지닌 통신'은 인터넷 홈페이지, 전자게시판 등으로 이는 통신의 기본적 특성을 지니면서 통신내용의 비밀이 보장될 수 없는 경우를 말하며, '한정성을 지닌 방송'은 고도로 전문적인 정보를 제공하는 등 방송으로서의 기본적 특성을 지니면서 한정된 시청자에게만 정보를 발신하는 경우 등을 말한다. 또한, 일본은 방송과 통신의 경계영역에 대한 구별기준에 관하여 1997년에 1차 가이드라인을, 2001년 12월에 제2차 가이드라인을 제시했는데, 동 가이드라인에 의하면 '통신으로부터 방송을 구분하는 기준'은 '공중(불특정 다수)에게 직접 수신하게 하려는 것을 송신자가 의도하고 있음이 송신자의 주관뿐만 아니라 객관적으로도 인정되는지 아닌지의 여부이다. 또 송신자와 수신자간의 유대 정도(수신자의 속성 강도), 통신사항이 송신자와 수신자의 유대관계 및 수신자의 속성을 전제로 하고 있는지의 여부, 정보전달방식의 비밀성, 수신기의 관리, 광고의 유무 등도 판단기준이 된다.

38) 각국의 방송개념 비교

국 가	방송의 정의
영국	ㅇ 영국 방송법은 방송에 대한 포괄적 정의 규정을 두지 않고 서비스 개념으로 분류함. 다만, 2003년 커뮤니케이션법은 방송을 '무선전신에 의한 방송을 의미한다'고 규정하여 방송을 고전적 수단에 의해 정의하나 동 정의는 법적인 실효성이 없음(커뮤니케이션법 제405조 제1항)
독일	ㅇ 방송이란 일반(Allgemeinheit)을 대상으로 무선 또는 유선에 의한 전자기적 파장을 이용하여 문자, 음성 및 영상 형태의 모든 종류의 표현물(Darbietung)을 준비하여 전파(Verbreitung)하는 것(방송국가협약 제2조)
프랑스	ㅇ 제공되는 방식을 불문하고 라디오와 텔레비전 서비스의 모든 공중 커뮤니케이션과, 그리고 라디오와 텔레비전 서비스가 아니면서 '공중 온라인 커뮤니케이션'(communication au public en ligne)에 속하지 않는 모든 전자 선로에 의한 공중 커뮤니케이션을 총칭(커뮤니케이션 자유에 관한 법률 제2조)
미국	ㅇ 직접 또는 중계국을 경유하여 공중이 직접 수신하는 것을 목적으로 하는 무선통신의 송신(통신법 Section 3(6))
일본	ㅇ 공중이 직접 수신되게 할 목적으로 하는 무선통신(방송법 제2조 제1호)

점을 요약하면 다음과 같다.

첫째, 각국은 커뮤니케이션 환경의 기술적 진보에도 불구하고 방송과 통신은 보호법익이 다르다는 인식에는 변화가 없었다. 특히 이러한 인식은 공영방송 전통이 강한 유럽연합 소속국가들에서 강하게 나타나고 있다. 영국은 비록 방송에 대한 포괄적 정의규정을 두고 있지 않으나 방송서비스에 대해서는 기존의 방송법 규제체제를 그대로 유지하고 있다. 프랑스의 경우는 전송유형이나 형태와는 관계없이 당해 내용에 편집·가공의 가능성이나 문화적 다원주의 또는 여론주도력 형성 등이 인정되는 텔레비전과 라디오 방송에 대해서는 서비스 제공자의 공적 책임을 비중 있게 다루고 있다. 특히 방송과 통신을 구별함에 있어 기술적 수단이 방송과 통신의 특성을 구분하는 기준이 될 수 없음을 강조하고 철저하게 헌법상의 보호법익을 중심으로 방송의 개념을 파악한다는 입장을 취하고 있다. 독일의 경우는 방송개념을 확정함에 있어서 방송의 개념을 한정적 의미로 정의하지 않고 헌법상 방송기술의 특성과 사회적 여론형성기능에 착안하여 신기술에 의한 새로운 유형의 방송기술도 미래의 방송개념에 포함시킨다고 하여 방송의 개념을 개방적으로 정의하고 있다.

둘째, 유럽연합국가들은 방송에 대한 규제를 개별국가 차원이 아닌 유럽연합 차원에서 논의하고 있다. 일찍이 서유럽 국가들은 서로 다른 방송프로그램 규제로 인해 유럽연합 내에서 방송프로그램 유통을 위하여 국가간 동일한 방송규제(방송내용) 시스템을 형성하려는 노력의 일환으로 TFD를 제정하여 시행해 왔다. 그러나 최근 유럽위원회는 기술발전에 따른 방송통신 융합환경에 적합한 각 국가간 공통된 규제체

계 정립을 위해 TFD의 전면개정을 위한 '시청각 미디어서비스지
침'(Audiovisual media service diretive) 제안서를 공표한 바 있으며,39)
이 "지침개정안"40)은 2007년 12월 11일 채택되어 2007년 12월 19일
부터 효력을 가지게 되었다. 이에 따라 각 유럽연합 회원국은 동 지침
시행일부터 2년 이내에 각국의 관련법을 개정해야 할 의무를 지게 되
므로 2009년 12월부터 전 회원국에서 동 지침이 적용되게 된다.41) 유
럽위원회 개정지침의 시청각미디어 서비스의 적용대상은 전송되는 네
트워크와 관계없이 공공 또는 상업적 활동의 일환으로 정보, 오락, 교
육적 기능을 수행하는 매스미디어 서비스이며, 이와는 달리 제한된 사
람에게 보내지는 이메일 등의 개인 서신 교환 형태나, 시청각 요소는
가지고 있으나 시청각 콘텐츠를 제공하는 것을 주목적으로 하는 서비
스, 또는 상업적 활동을 목적으로 하지 않는 사적인 웹 사이트는 시청
각 미디어 서비스의 적용대상에서 제외된다. 즉, 표현의 자유 측면에서
개인의 시청각 콘텐츠의 생산과 유통에 대한 규제는 그 차원을 달리하

---

39) Commission of European Communities, Proposal for Directive of the European
   Parliament and of the Council Amending Council Directive 89/552/EEC,
   2005a.

40) 유럽위원회(EC)는 2007년 3월 9일 TDF를 개정한 "국경 없는 시청각"(AWF,
   Audiovisual without Frontiers)이라는 신규 지침의 통합안을 발표했는데, 동 지침
   의 목적은 사용되는 전송기술에 관계없이 모든 시청각 미디어 서비스가 유럽 내부
   시장에서 수익을 창출할 수 있도록 허가함으로써 유럽의 시청각산업의 경쟁력을
   높이기 위함이다. 주요내용은 전 유럽에서 생산되는 TV 콘텐츠 및 주문형 시청각
   콘텐츠를 다양하게 제공하도록 유도함으로써 27개 유럽 회원국의 미디어 다원주의
   를 촉진하는 것, 유럽의회가 지속적으로 요구해 온 기술의 발달에 대한 대응책으로
   서 주문형 비디오, 모바일 텔레비전, 디지털 TV 등 오디오비주얼 미디어 서비스 분
   야에 대해 유럽에서 공정한 경쟁의 새로운 장을 마련해 줄 것 등이다
   (http://europa.eu/rapid/pre-ssReleasesAction.do?reference=IP/07/311&format=
   HTML, 2007. 9.1).

41) http://ec.europa.eu/avpolicy/reg/avms/index_en.htm.

되, 공중을 대상으로 하는 상업적 활동의 시청각 미디어서비스에 대한 규제는 사회, 민주주의, 문화적 맥락에서 정당화될 수 있다는 점이 강조된다.42) '시청각 미디어서비스지침'(Audiovisual media service diretive)을 통한 EU 및 각 개별 회원국의 시청각 미디어서비스에 대한 수평적 규제체계의 전환은 현재 방송과 통신 서비스의 본질적인 특성에 대한 인식을 유지하는 한편 융합의 특성을 파악하고 규제적 혼란을 최소화하기 위한 관점에서 이해될 수 있다.43) 디지털화 및 광대역화에 따른 네트워크 자체의 진화와 네트워크간 연동 및 상호적용성 강화 등 융합의 동인을 제공하는 물리적 네트워크영역은 가치중립적 영역으로 보고, 전화나 이메일 전송 등 개인적 비밀 보장을 통해 개인간 의사교환의 매개를 본질적 특성으로 하는 기존의 통신서비스는 신호 전달의 주요 기능인 전자커뮤니케이션 범주로, 네트워크와 전송체계를 이용한 방송서비스와 개별적 요청을 포함하여 개인과 사회와의 연결을 매개하는 콘텐츠제공서비스는 신호의 전달 서비스만으로 설명할 수 없는 별도의 서비스 범주로 구분하고 있는 것이다.44)

---

42) Commission of the European Communities(2005c). Proposal for a Directive of the European Parliament and the Council Amending Council Directive 89/552/EEC. COM(2005)646. pp. 13-14.

43) "시청각 미디어서비스(Audiovisual media service)는 공중을 대상으로 제공되는 동영상 콘텐츠를 포괄하며 'linear audiovisual media service'와 'non-linear service'로 구분하며, 후자에 대해서는 전자에 대해서 보다 완화된 규제를 적용한다는 원칙을 정하고 있다. 'linear audiovisual media service'는 IPTV, 스트리밍 또는 웹케스팅 등을 포함한 방송으로 실시간으로 프로그램을 제공하는 서비스이며, 'non-linear service'는 VOD와 같이 이용자가 특정 프로그램에 대한 이용시간을 결정할 수 있는 서비스이다"(Commission of the European Communities, Proposal for a Directive of the European Parliament and the Council Amending Council Directive 89/552/EEC. COM(2005)646, 2005c, pp 10-11).

44) 오용수/정희영, 전게논문, 150면.

셋째, 방송의 개념을 정의함에 있어서 다원주의나 문화적 관점을 중요한 판단의 근거로서 파악하고 있다. 이러한 원리로부터 도출된 방송의 개념은 방송시장에서의 규제를 위한 특수한 규제근거를 모색하는 데 도움이 될 수 있을 것이다. 전통적으로 민영상업방송 중심 체제를 유지해 온 미국과 서유럽 국가에 속하지 않지만 전통적으로 공영방송이 강한 체제를 유지해 온 일본의 경우에도 방송의 다원주의나 문화적 관점을 중요하게 다루고 있다.

넷째, 전송대상과 커뮤니케이션의 특성의 차이에 따라 방송과 통신을 구분하고 있다. 영국, 일본의 경우에는 방송을 일종의 무선통신으로 한정하면서도 전송의 대상과 범위를 고려해서 방송과 통신의 차이점을 인정하고 있다. 즉, 다수의 시청자나 불특정 다수 또는 공중을 대상으로 전송하는 것이 방송이라면 유무선 통신의 경우에는 발신자와 수신자간의 커뮤니케이션을 강조해 개념을 정의했다고 할 수 있다.

다섯째, 일부 국가에서는 방송과 통신을 포괄적으로 수용하려는 태도를 취하고 있다. 미국의 경우는 서유럽의 경우와 다르게 방송과 통신을 구분함에 있어 이분법적인 사고에 기초하지 않고 커뮤니케이션서비스 자체를 포괄적으로 수용하되 사회문화적 성격이 강한 매체에 대해서는 여전히 강화된 규제체제를 취하고 있다. 일본의 경우에도 개별법을 통해 방송과 통신을 이원적으로 규제하고 있으나 방송서비스에 대해서는 강한 공적 규제를 유지하고 있다고 볼 수 있다.

방송은 민주주의적 가치질서를 확립하고 국민의 의사형성의 매개체적 역할을 한다는 점에서 헌법상의 언론의 자유를 보호법익으로 하는 매체임이 분명하다. 방송·통신 융합형 신규 서비스가 방송과 같은

기능을 하는 경우라면 보다 엄격한 규제가 필요하다고 하는 것과 이와
는 반대로 당해 서비스의 속성이나 기능이 사회적 여론형성보다는 개
인적 이용이나 단순한 의사전달 수단에 있는 경우에는 당해 서비스는
고전적인 통신의 자유에 대한 수준으로 보호되고 이에 대한 규제 역시
매우 낮은 수준으로 설정되어야 한다는 것을 각 국가들은 인식하고 있
다고 생각된다.

　　방송의 법적 개념에 관한 각국의 논의의 핵심은 기술발전에 따라
발생하게 되는 방송·통신의 융합형 서비스를 방송으로 분류하여 사회·
문화적 차원과 경제적 차원의 특별한 규제 범위에 포함해야 할 것인지
의 여부에 집중되어 있다고 할 수 있다.

3. 우리나라의 경우

　　현행 방송법 제2조 제1호는 방송을 '방송프로그램을 기획·편성
또는 제작하여 이를 공중(개별계약에 의한 수신자를 포함)에게 전기통신설
비에 의하여 송신하는 것'으로 정의하고 있고, 방송의 유형을 콘텐츠의
발현 방식에 따라 텔레비전방송, 라디오방송, 데이터 방송, 이동멀티미
디어방송으로 구분하고 있다.45) 현행 방송법 제2조는 2004년 3월 22
일 개정되었다. 개정 이전의 방송법은 방송을 전송수단을 기준으로 지
상파방송·종합유선방송·위성방송을 말하는 것으로 정의하고 있기 때문
에 새로운 형태의 방송서비스를 포괄하기 어려운 점이 있었다. 따라서,

---

45) 정범구 의원 발의 방송법중개정법률안, 국회문화관광위원회 전문위원 검토보고서,
　　2003. 12. 4면.

방송의 형식을 기준으로 분류하는 방향으로의 방송법 개정은 통신의 융합 및 디지털 기술의 발달 등, 방송기술 환경변화에 따른 방송영역을 보다 명확히 규정하는 것이 타당하다고 본다. 현행 방송법상 방송에 해당되려면, 우선 영상, 음향, 데이터 또는 이들의 복합적인 구성물로 이루어진 방송프로그램을, 기획·편성 또는 제작하여, 공중을 대상으로, 전기통신설비를 이용하여 송신하는 것이라야 한다. 즉, 방송에 해당하기 위해서 송신하고자 하는 방송프로그램이 기획, "편성"46) 또는 제작된 것이어야 하는데 여기에서 송신의 대상이 되는 방송프로그램은 공중에게 제공될 목적이라는 의도성 요건이 포함되어야 한다. 그러나 종전의 경우 같은 의도성의 요건을 가지고 있다고 하더라도 송신대상이 불특정 다수의 '공중'이냐 아니냐에 따라 방송의 해당성 여부가 판단되었는데, 현행 방송법은 공중의 개념에 개별계약에 의한 수신자를 포함하도록 하고 있다. 이는 불특정 다수의 공중에 대한 무차별적인 송신이라는 전통적 방송 개념에 더하여 개별적 다수라는 상황적 변화를 입법에 반영한 것이라고 볼 수 있다. 즉, 현행 방송법상 공중에 대한 송신이라는 요소는 송수신자간에 이루어지는 방송프로그램 전달이 개인간의 활동영역에서도 적용될 수 있다는 것을 의미하는 것이다. 또한, 방송은 전기통신설비에 의하여 송신하는 것으로 규정하고 있는데 전기통신설비는 방송내용을 전송하기 위한 기술적인 수단을 의미하는 것으로 통신망과 방송망, 유선망과 무선망을 모두 포괄하는 개념이다.

　　이와 같이 우리나라의 방송법상 방송개념은 전기통신설비를 사용하여 의도적으로 만들어진 방송프로그램을 쌍방향성과 일방향성을 불

---

46) 방송법 제2조 제15호는 "편성"을 "방송되는 사항의 종류, 내용, 분량, 시각, 배열을 정하는 것"으로 정의하고 있다.

문하고 특정 또는 불특정다수의 수신자를 대상으로 전송되는 것이라면 모두 포함하고 있어 전통적인 방송개념보다 확장되어 정의되어 있다. 방송의 기술적 수단이 되는 전송망 내지 설비는 방송의 개념을 정의하는 데 있어 더 이상 중요한 의미를 갖지 못한다. 이와 같은 현행법상 방송의 개념은 방송·통신 융합 환경하에서 방송을 정의하는 데 무리가 없을 것이다. 그러나 기술발전에 따른 신규 미디어 서비스가 그 내용 및 특성으로 보아 현행 방송법상 방송의 범주에 해당된다고 하더라도 그러한 서비스 행위는 방송법을 통해 곧바로 규제할 수 있는 것이 아니다. 왜냐하면 현행 방송법은 방송 그 자체를 규제하기 위한 것이 아니라 방송사업자의 방송행위에 대한 규제내용을 담고 있으므로 신규서비스가 방송법상 방송사업이 아닌 한 규제는 불가능하다.[47]

---

47) 즉, 방송법 제2조 제3호는 "방송사업자"를 지상파방송사업자, 종합유선방송사업자, 위성방송사업자, 방송채널사용사업자, 공동체라디오방송사업자로 분류하고 있다.

Ⅲ. 스마트미디어 환경하에서 방송의 법적 개념 변화

1. 현행 법제의 체계와 내용

우리나라의 방송·통신법체계는 방송관계법과 통신관계법으로 분리해 규율하고 있다. 먼저 방송관계법체계는 방송법과 전파법을 통해 이원적으로 법체계를 형성하고 있다. 방송법은 방송사업의 허가(법 제9조), 방송사업자에 대한 각종 공익적 의무부과 및 규제 등을 규정하고 있고(법 제5조 내지 제6조 등), 전파법은 주파수의 분배 및 할당(법 제3장), 방송국의 개설허가 및 운용 등에 관한 사항을 규정하고 있다(법 제4장 제2절). 한편, 통신관계법 체계는 정보화촉진기본법, 전기통신기본법, 전기통신사업법, 전파법, 통신비밀보호법, 정보통신망 이용촉진 및 정보보호 등에 관한 법률 등 통신관련 기본적 사항과 사업자의 규율, 망의 이용과 정보보호 등 다양한 내용을 규율하는 법체계를 형성하고 있다. 전통적인 의미의 통신과 방송영역은 그 기술적 차이 및 보호법익의 차이에 의해 엄격하게 구분되어 규율되고 있다.

현행 방송법과 통신 관련법은 "방송과 통신의 개념"[1]을 전통적인

---

1) 방송과 통신의 특성비교

구 분	방 송	통 신
정의	○ '방송'이란 "방송프로그램을 기획·	○ '전기통신'이란 "유선·무선·광선 및 기

서비스 형태에 기반하여 규정하고 있기 때문에 새로이 출현하고 있는 스마트미디어 서비스에 대해서 명확하게 규제할 수 있는 근거가 미약한 것이 사실이다. 우리 법제는 소위 방송통신 융합형 서비스에 대한 규제는 별도의 입법을 통해 해결하고 있는데, IPTV 사업을 규제하기 위하여 "인터넷멀티미디어 방송사업법"[2]이 그것이다. 이러한 개별입법은 방송법상의 방송매체에 대한 통일적 규제의 예외적인 현상으로 받아들여져 마치 방송매체에 대해 적용되는 규제법리가 아닌 다른 차원에서 법리적용이 가능한 것처럼 법리적용을 둘러싼 논의로 확산될 우려가 있다. 이로 인해 헌법상 방송에 대한 규제원리가 방송법 체계에서 올바르게 구현되지 않을 뿐만 아니라 방송과 통신의 개념에 대한 혼돈을 유발할 수 있으므로 바람직하지 않다고 판단된다.[3] 따라서 현재 방

	편성 또는 제작하고 이를 공중(개별계약에 의한 수신자를 포함하며, 이를 '시청자'라 한다)에게 전기통신설비에 의하여 송신하는 것"(방송법 2조 제1호) ※ 정보전달의 일방향성, 방송프로그램의 전송, 전기통신설비 이용, 공중(불특정다수)에 대하여 직접 수신을 목적으로 하는 일방향 송신(1대N)	타의 전자적 방식에 의하여 부호·문언·음향 또는 영상을 송신하거나 수신하는 것"(전기통신기본법 제2조 제1호) ※ 정보전송방식(유선·무선)과 정보형식(음성·영상)을 불문하고 정보전송의 양방향성을 전제로 전기통신(통신)을 정의, 특정인 사이의 양방향 송·수신(1대1)
보호 법익	○ 방송은 방송주파수의 희소성 및 사회적 영향력에 바탕을 둔 방송내용(프로그램)의 규제를 통하여 방송의 다양성 내지 공정성의 확보를 강조	○ 통신은 당사자간에 양방향으로 교환되기 때문에, 그 내용이 당사자 이외의 자에게 공개되지 않는 것을 원칙을 하는 내용 비밀보호 강조
규제 내용	○ 주파수의 희소성 및 사회적 영향력에 초점을 맞추어 하드·소프트를 통합·운영함과 동시에 방송내용규제, 방송사업자의 소유 및 참여제한 등을 중심으로 하는 규제방식 채택	○ 전송내용의 비밀보호 및 보편적 서비스의 제공에 초점을 맞추어 하드·소프트를 분리·운영함과 동시에 요금, 접속조건, 시장경쟁, 전송매체의 표준화 등을 중심으로 하는 규제방식 채택

2) 법률 제8849호, 2008. 1. 17 공포, 2008년 4. 18 시행.
3) 예컨대 인터넷 멀티미디어 방송사업법 제2조 제5호의 규정에 의한 IPTV 사업자(인

송과 통신을 규율하는 규제기관이 일원화되었으므로 헌법적 원리가 반영된 보다 체계적 입법이 요구된다고 할 수 있다.4)

2. 방송·통신 융합의 주요논의 내용

방송과 통신의 융합현상은 커뮤니케이션 과학기술의 발전에 따른 전 세계적인 현상이라고 할 수 있다. 방송통신융합이란 결국 하나의 네트워크, 하나의 단말기, 나아가 이들을 통해 하나의 디지털 플랫폼에서 방송서비스와 통신서비스의 결합제공 방식을 증대하고 다양화(customize)하는 것을 의미한다. 즉, 수용자가 수백 만 개의 사이트를 통해 제공되는 콘텐츠에 자유롭게 접근할 수 있는 인터넷방송뿐 아니라, 보다 진화된 광대역 네트워크기반의 IPTV와 모바일 방송, 케이블네트워크와 모뎀 기술을 이용한 초고속 인터넷 및 "VoIP"(Voice over Internet Protocol)5) 서비스가 이러한 진화과정에 있다.6) 이 진화에 조응하여 규제의 법체

터넷 멀티미디어 방송 제공사업자, 인터넷 멀티미디어 방송 콘텐츠사업자)는 방송
사업자인지의 여부가 모호하기 때문에 헌법적 측면에서 규제근거의 타당성에 대한
문제가 제기될 수 있다.
4) 최근 방송법과 IPTV법을 통합적으로 규율하기 위한 논의가 정부 차원에서 활발하
게 진행되고 있다.
5) VoIP는 인터넷망을 통해 음성신호를 주고받을 수 있도록 하는 기술을 이용하여 전
화통화를 제공하는 서비스를 말한다. 기존의 일반전화와의 차이점은 인터넷의 근
간인 IP(인터넷 프로토콜) 네트워크를 통해 음성을 전송한다는 것이다. 즉, VoIP는
데이터 통신용으로 사용되어 온 인터넷 또는 IP 네트워크에 음성데이터를 실어 보
내는 기술과 관련한 솔루션을 지칭하는 말로 대표적인 예로써 '인터넷 전화'(Internet
Phone)를 들 수 있다.
6) 오용수/정희영, 전게논문, 138면.

계도 변화를 보여주게 된다. 예를 들어 현재 OECD와 EU에서 방송과 통신 융합현상에 상응한 규제체계의 전환을 완료했다.

방송·통신융합에 따른 우리나라의 방송·통신 구조개편 논의는 방송·통신 규제기관의 개편문제와 IPTV 등 방송통신 융합형 신규 서비스의 도입으로 요약될 수 있다. 그러나 이러한 논의는 2008년 1월 17일 '인터넷멀티미디어 방송사업법'의 제정과 2008년 2월 29일 '방송통신위원회의 설치 및 운영에 관한 법률'의 제정으로 정리되었다. 방송·통신 규제기관에 관한 논의는 1999년 현행 위성방송의 도입, 케이블TV와 중계유선의 통합, 규제기관 일원화 등에 대한 방송법 제정을 위해 대통령 직속의 방송개혁위원회가 방송통신회위원회 설치를 건의하면서부터 시작되었다. 또한, 2002년 대통령선거 정책공약으로 방송통신위원회 구성과 방송통신구조개편위원회 설치가 제시됨에 따라 2006년 방송통신융합추진위원회가 출범하였고, 동 위원회의 논의를 거쳐 방송통신위원회의 설립 및 운영에 관한 법률안을 정부안으로 하여 국회에 제출하였다. 국회는 동 법안을 특별위원회인 '방송통신특별위원회'에 회부하였고 동 위원회는 이를 여러 제출법안들과 함께 심의하여 위원회 대안으로 법률안을 통과시켰다. 동법은 방송·통신의 융합환경에 능동적으로 대응하기 위하여 현행 방송위원회와 정보통신부로 분산되어 있는 방송·정보통신 관련 기능을 일원화하고 이를 위해 현행 방송위원회와 정보통신부를 통합하여 대통령 소속의 합의제 행정기관으로서 방송통신위원회를 설치하며 그 운영의 독립성을 법으로 보장하고, 방송통신위원회가 기존 방송·정보통신분야뿐만 아니라 융합서비스 분야를 포괄하여 정책·규제 및 진흥기능을 효율적으로 수행할 수 있게

한다는 것을 주요내용으로 하고 있다. 그러나 방송통신위원회의 설립에
도 불구하고 방송·통신융합형 신규 서비스인 "IPTV"7)가 방송서비스
에 해당하느냐 통신서비스에 해당하느냐에 대해서는 각 이해 당사자간
에 논쟁이 종결되지 않고 있다.8)

---

7) IPTV에 대한 해외의 규제동향은 다음과 같다. EU는 2002년 수평적 규제(전송과
  콘텐츠를 분리규제)를 도입하여 전송사업자(콘텐츠 서비스에 관여할 수 없는 영역
  으로 한정, Contents blind 영역)는 신고만으로 진입이 가능토록 규제를 완화하였
  으나, 콘텐츠사업자(방송사업자에 해당)에 대해서는 진입, 소유/겸영 및 내용규제를
  적용하고 있다. 즉, 기술중립성의 원칙에 따라 전송방식/네트워크(케이블, 위성, DSL)
  에 상관없이 동일 서비스 동일규제 원칙 적용하고 있고, TFD를 개정한 시청각미디
  어서비스지침(Audiovisual media services directive)은 IPTV 역시 방송으로 규제
  받도록 명시하고 있다. 미국의 경우 1996년 커뮤니케이션법 개정으로 통신·방송
  간 상호시장 진출을 허용하고(동일 서비스 동일 규제 원칙) 통신사업자의 비디오
  전송사업의 경우 MVPD(Multiple Video Program Distributor)로서 케이블사업자와
  마찬가지로 지자체로부터 면허를 취득하여야 함에도 불구하고 이를 회피하기 위한
  법률개정안을 발의하여 케이블사업자와 규제형평성 문제로 논쟁중에 있다. 일본에
  서는 방송법의 일종인 '전기통신역무이용방송법' 제정(2001)으로 통신망을 이용한
  방송서비스에 대한 등록제를 적용하고 있으며, 2003년 3월부터 BB케이블TV가
  IPTV 서비스를 실시하고 있다. 영국에서는 네트워크 사업자의 경우 등록제를 실시
  하고 서비스사업자도 편성사업자로서 OFCOM의 프로그램 코드나 중요한 사건의
  목록, 광고에 대한 규칙준수의 의무가 있다. British Telecom에서 IPTV(TV over
  DSL)를 서비스하고 있다. 프랑스에서는 '커뮤니케이션 자유에 관한 법' 중 'TV와
  라디오 서비스'(콘텐츠 서비스)와, 'TV와 라디오 서비스의 배급'(전송서비스)으로
  구분하고 있으며, 모든 콘텐츠사업자(채널)는 네트워크(케이블, 위성, ADSL, 핸드
  폰)에 상관없이 기술중립성의 원칙에 따라 우리의 방송통신위원회에 해당하는 시
  청각고등평의회의 기본원칙 적용을 받고 배급사업자는 콘텐츠에 관여할 수 없으며
  배급자로 신고해야 한다. France Telecom에서 IPTV(ADSL TV) 2003년 시작했으며
  기존 콘텐츠 서비스에 대한 전송만 담당하고 있다(국회문화관광위원회·방송위원회
  해외 방송통신 조사단, 해외 방송통신 제도조사 보고서, 2006. 4, 15면 참조).
8) 현재는 미래창조과학부가 유료방송서비스에 대한 정책 및 규제업무를 담당하고 있다.

3. 스마트미디어 환경하에서 방송개념에 관한 헌법적 검토

방송과 통신이 융합하는 뉴미디어 영역에서 헌법이 보장하는 방송의 자유를 향유함에 있어서 헌법상 무엇이 그 방송에 해당하는 것인지, 또한 어떤 것이 방송으로서 규제의 대상이 되는 것인지에 대한 문제가 제기되고 있다. 이와 같은 논란은 물론 헌법상 방송의 개념정립의 문제라고 할 것이다.9)

헌법상 방송의 개념을 알기 위해서는 정신적 기본권의 핵심내용을 담고 있는 언론출판의 자유에 관한 헌법 제21조의 내용과 의미에 대한 파악이 전제되어야 한다. 우리 헌법 제21조 제3항은 '통신', '방송', '신문'이라는 용어를 사용하여 언론의 자유의 보호대상이 되는 매체들을 예시적으로 나열하고 있다. 아울러 통신·방송의 시설기준과 신문의 기능보장을 위하여 "필요한 사항은 법률로서 정한다"고 함으로써 방송·통신·신문 등의 매체에 대한 규제 가능성 또한 내포하고 있다. 이와 같은 규정에서 우리 헌법은 방송을 언론의 자유를 보장하기 위한 보호의 대상이자 규제대상으로 파악하고 있다는 사실을 알 수 있다.

우리 헌법 제21조 제3항은 방송에 관하여 방송시설기준 법정주의만을 직접적으로 언급하고 있으나, 동 조항이 가지고 있는 방송에 관한 헌법적 원리는 '방송시설기준 법정주의'만을 의미하는 것은 아니다. 우리 헌법은 기본적으로 방송을 표현의 자유의 보호대상으로 보고 있

---

9) 곽상진 외 5인, 『멀티미디어 시대에 대비한 헌법개정에 있어 헌법상 방송의 자유에 대한 새로운 해석』, 방송위원회 연구보고서, 2006, 41면.

다.10) 헌법재판소의 판례도 방송을 헌법 제21조 제1항의 언론에 포함되는 개념으로서 방송의 자유가 언론의 자유의 내용 범주에 속하는 것으로 파악하고 있다.11) 그런데 우리 헌법이 통신, 방송, 신문 등을 각기 다른 언론매체로 구분하고 있고 헌법상 방송을 언론매체로 보고 있지만 정작 헌법 자체가 방송의 개념에 관해 문언적으로 명확한 규정을 두고 있지 않고 헌법 문언상 그 개념적 징표도 찾을 수 없다. 이와 같은 사실은 단지 헌법은 방송을 언론의 자유를 향유하기 위한 중요한 수단으로 파악하고 있으며, 헌법적 이념에 부합하는 방송 개념에 대해서는 헌법의 구체화 법인 방송법에 그 개념정립을 위임하고 있음을 의미한다고 보아야 할 것이다. 따라서 헌법상 방송의 개념을 알기 위해서는 앞서 언급한 방송법상의 방송개념과 병행적으로 파악하여야 할 것이다.

독일의 경우 기본법 제5조에서 '방송을 통한 보도의 자유'를 규정하고 있으나, 방송에 관한 개념은 연방헌법재판소의 해석과 방송과 텔레미디어를 위한 국가협약(Staatsvertrag für Rundfunk und Telemedien)에서 정의하고 있다. 독일연방헌법재판소는 기본법상 방송의 개념은 확정적으로 정의할 수 있는 것이 아니라고 하면서, "방송의 자유가 급속한 기술변천이라는 여건하에서 자신의 규범적 힘을 보존해야 한다면 방송을 정의하는 데 있어 이미 도입된 기술에만 방송을 연결시켜서는

---

10) 양건, "방송에서의 표현의 자유와 공적 규제 ―헌법적 소고", 「방송연구」, 여름호, 방송위원회, 1989, 34-49면 참조.

11) 헌법재판소는 "일반적으로 헌법상 언론·출판의 자유의 내용으로서는, 의사표현, 전파의 자유, 정보의 자유, 신문의 자유 및 방송·방영의 자유 등을 들 수 있다"고 판시하고 있다. 헌법재판소 1993.5.13. 선고, 91헌바17 결정, 헌재판례집 제5권 제1집(1993), 275-296면; 이 결정에 관한 평석으로는 정재황, 「판례헌법」, 길안사, 1994. 261-262면 참조. Emerson, T. L., "First Amendment Doctrine and the Burger Court," California Law Review, vol. 68, 1980, pp. 463-464 참조.

안 된다. 즉, 기존의 기술에만 방송의 영역을 제한하는 경우 새로운 기술 수단을 동원해 방송의 기능이 충족되는 영역에 대해서는 기본권보장이 확대되지 못하는 사태가 발생하게 될 것이다. 따라서 방송에 대한 헌법상의 개념과 규정의 내용 및 범위는 그 규범영역에 달려있는 것으로 보고, 그 의미는 규범영역이 변화할 경우 변화될 수 있다"고 판시하고 있다.12) 헌법상 방송의 자유가 의미하는 방송의 개념을 너무 좁게 설정하면 급속한 방송기술의 발전이라는 여건하에서 헌법이 규범력을 유지할 수 없는 상황이 발생할 경우 당연히 문제가 발생한다. 그러나

---

12) Vgl. BVerfGE 12, 205(208ff.); 연방헌법재판소의 1961년 2월 28일자 판결로서 통상 독일텔레비전방송 사건이라고 부른다. 1949년 기본법에 의해 독일 연방정부가 탄생되었으나 그 이전부터 주에는 방송사가 존재하였다. 이 주들이 주도하여 기존 방송사들이 공동으로 독일공영방송사업무협력체(ARD)를 구성하여 공동으로 국가전역에 방송을 보내게 된다(Herrmann/Lausen, Rundfunkrecht, 2. Auf., 2004, 95면 이하). 50년대 들어 주파수권역대가 확대됨에 따라 새로운 방송사설립에 관심이 쏠리게 되었다. ARD는 제2의 공영방송사를 설립하고자 하는 반면, 연방정부와 언론 매체관계자들은 민영방송을 도입하고자 하였다. 이와 같이 주와 연방이 서로 새로운 방송사를 설립하고자 충돌이 생기게 되었고, 결국 방송사를 설립할 수 있는 권한이 누구에게 있느냐 하는 문제로 귀결되었다. 기본법 제73조 제7호, 제87조 제1항은 우편과 통신에 관하여 연방의 권한임을 규정하고 있다. 그러나 방송에 관하여는 명문의 규정이 없어 그 권한의 존부를 놓고 논란이 많았다. 그 당시 연방정부는 기존의 방송조직이 야당의 기구로 되었다는 정치적 판단에 따라 연방차원에서의 방송사 설립을 시도하게 된다(A.Hesse, Rundfunkrecht, 3. Aufl., 2003, 16면). 여러 시도가 실패하자 마침내 연방정부는 1960년 7월 자본금 23,000마르크의 독일 방송사를 설립하게 되었고 이에 반발하는 함부르크, 헤센, 브레멘과 니더작센 주들이 연방정부를 상대로 권한쟁의심판(기본법 제93조 1항 3호)을 청구하기에 이른다. 연방헌법재판소는 기본법 제73조 제7호의 해석과 관련하여 기술적인 측면만 연방의 권한이며 방송사의 조직, 방송주체에 대한 것은 주의 권한임을 확인하였다. 재판소는 기본법 제30조에 따라 기본법이 연방에 명시적으로 권한을 위임하고 있지 않는 한, 원칙적으로 주의 권한에 속한다고 전제하였다. 따라서 연방에 주어진 방송과 관련된 권한은 중계기술(Übertragungstechnik)만이며 그 밖에 모든 방송에 관한 권한은 주에 속한다고 판단하였다(이욱한, 전게서, 383-384면; 전정환/변무웅 역, 13면 이하).

독일연방헌법재판소의 판례와 같이 방송의 개념을 장래의 기술발전에 종속시킨 결과 방송의 개념을 미확정 상태로 두는 것 또한 문제가 있다고 본다. 왜냐하면 방송과 방송이 아닌 것에 대한 보호와 규제를 달리 하여야 할 상황 때문에 양자를 구분할 필요성이 있기 때문이다. 즉, 방송과 통신의 융합현상으로 인해 아무리 그 구분이 모호해지는 현실을 감안한다고 하더라도 개인의 은밀한 통신은 그 비밀성이 보장되어야 할 것이며,13) 방송의 경우 사회적 영향력을 고려하여 내용의 다양성과 공정성을 확보하여야 한다. 따라서 대중화된 언론매체로서 방송의 보호 및 규제영역과 통신영역 중 비밀보호가 요구되는 통신영역과는 구분이 되어야 한다. 방송의 개념을 어떻게 확정할 것인가에 대해서는 방송의 특성과 현행 방송법상의 방송의 개념이 기준이 될 수 있을 것이다.

분명한 것은 방송과 통신은 기술발전에도 불구하고 각기 다른 속성을 가질 수밖에 없다는 점이다. 즉, 아무리 방송기술이 발전한다고 하여도 방송과 통신의 헌법적 가치는 서로 다를 수밖에 없다. 다만 문제는 방송과 통신의 공통적인 규제영역이 존재하고 이러한 공통적 규제영역을 각기 다른 기관에서 감독하는 것은 정책의 효율성 차원에서 서로 상충되는 결과를 초래할 가능성이 있다는 것이다. 이러한 차원에서 방송통신 융합과 관련된 논의는 각기의 헌법적 가치와 보호법익을 존중하면서 공통적 규제영역에서 효율적으로 대처할 수 있도록 하는 방향으로 검토되어야 한다. 결국 방송의 개념 문제는 헌법적으로 보호

---

13) "통신의 자유는 국가에 대한 자유권인 동시에 제3자에 대한 자유이므로 사인간에 있어서도 보장되어야 하고 사인에 의한 통신의 비밀침해는 허용되지 않는다"(김철수, 전게서, 632면).

를 받는 방송의 범위를 확정하기 위한 문제이므로 서비스 행태나 특성
을 고려하여 개별적·구체적으로 판단하여야 한다. 헌법상 보호 대상으
로서 방송의 범위에 포함될 경우 방송법 개정을 통해 보호와 규제를 받
도록 입법화해야 할 것이다.

Ⅳ. 방송의 공익성과 기능

1. 방송의 공익성의 근거

일반적으로 관용되고 있는 공익성의 개념은 매우 추상적인 용어로서 각기 필요한 상황에 맞추어 다양한 개념을 형성하고 있다. 또한 이러한 개념은 누구나 다 알고 있는 개념인 것처럼 자주 언급되지만, 실제로 공익에 대한 내용·범위·효과를 정확히 규정하기란 쉽지 않다. 더욱이 일반이익(Intérêt général), 공공서비스(Service Public), 공공권(Driot du public)과 같이, 유사하게 통용되는 단어들도 다양하다.[1] 이러한 공익성 개념의 불확실성 내지 추상성에도 불구하고 '방송에서의 공익성'은 방송제도의 운용에 있어 근본적 가치로 인식되고 있는 것이 현실이다. 프랑스의 경우 커뮤니케이션 법에 있어 공익 개념은 기존 라디오-텔레비전이 제공하던 공공서비스 개념과 연계시켜 바라보아야 한다고 한다. 즉, 정보(Informer), 교육(Eduquer, Cultiver), 오락(Distraire)의 요소로 파악이 가능하다는 것이다.[2] 또한 공익을 만족시키기 위해, 공영방송사에게 공익 또는 일반이익의 이름으로 다양한 의무사항들(Obligations)을 준수하도록 하고 있다. 예를 들어, 사상과 의견의 다원

---

1) Emmanuel Derieux, L'intérêt public en droit français de la communication in Actes du Colloque franco-québécois, L'intérêt public: Principe du droit de la communication, 1995, p. 4.
2) Emmanuel Derieux, 상계논문, p. 7.

성 보장, 프로그램의 특성·구성·분배, 프로그램 편성 쿼터 등의 원칙이
그것이다.3) 일반적으로 어떤 사회에 공익이 존재한다고 가정할 때 그
의미 속에 흔히 보편화된 가치, 공동체의 권익, 재화나 용역의 사회적
효용가치 극대화, 미래의 이익이나 효용성, 다수의 이익, 사회적 약자의
이익과 같은 요소들이 포함된다.4) 이와 같은 공익성의 표식 내지 징표
가 방송제도에 흡수되어 독자적인 가치로서 '방송의 공익성' 개념을 생
산하게 된 것이다. 그렇다면 방송에서 공익개념을 수용하여 근본적 가
치로 설정하게 된 이유는 무엇인가? 그것은 방송의 본질적 특수성에서
기인한다고 할 수 있다.

1) 주파수 희소성에 입각한 논거

방송의 본질적 특수성을 설명함에 있어 과거 주로 사용된 논거로
는 기술적 내용으로서 '주파수의 희소성 이론'을 들 수 있다. 방송은
그 내용을 시청자들에게 전달하기 위한 수단으로서 전파를 사용하는데
이러한 전파는 한정된 국가자원으로서 모든 사람이 이용할 수 없고 허
가를 받은 자만이 공중을 대리하여 방송할 수 있는 권리를 행사할 수
있으며, 이로 인해 국가의 방송에 대한 공적 규제가 정당화될 수 있다
는 이론이다. 미국은 이러한 주파수 희소성 이론을 근거로 하여 방송을
특별한 범주의 사업으로 간주하였고 방송사업자를 방송사업의 허가를
유지하기 위해서 특별히 공공서비스를 수행해야 하는 공중의 수탁자로

---

3) Rony, H., Radio-télévision: quelques réflexions sur la notion de service public, Legipresse, n. 103. II. 1995, pp. 57-68.
4) 백완기, "정책결정에 있어서 공익의 문제", 「한국정치학회보」, 제15집, 한국정치학회, 1981, 144-149면.

정의하고 있다.5) 즉 방송의 경우 제한된 전자스펙트럼을 자원으로 하고 있다는 점에서 공익산업으로 분류되며 이러한 공익산업은 공익성의 실현을 위하여 국가가 공공재에 대한 한시적 운용권을 개인에게 수탁(trusteeship)하여 주고 그 대가로 서비스의 가격(혹은 내용)을 규제하는 방식을 취하고 있다.6) 이와 같은 논리의 배경에는 상업적 경쟁 분야에서 라디오와 텔레비전이 제외되었던 것은 이용 가능한 주파수가 한정되었기 때문으로 보고 있으며, 이로 인해 방송은 수요와 공급의 힘에 맡겨져야 하는 시장성이 높은 단순한 상품이 아니라, 여러 다른 형태의 교육 또는 공공 서비스를 통해 대중 계몽을 위한 공익적 전달 수단으로 파악되고 있다.7) 이와 관련, 미국연방대법원은 '주파수 희소성 논리는 과거 이론만이 아니며, 기술의 발전에 따라 마이크로웨이브 이용과 같은 주파수 범위 확대 및 효율적인 이용이 가능하다고 하더라도 그것에 대한 수요 또한 급속히 증가하고 있고, 허가취득자를 전체공동의 대리인으로 하여 부족한 주파수를 사용할 권리를 부여하여 중대한 공공의 관심사에 대한 적정한 시간할당과 주의를 기울이도록 의무를 부담하게 하는 것은 수정헌법 제1조 위반이 아니다'고 판단함으로써 주파수 희소성 이론이 방송의 공익성 내지 공공성에 대한 중요한 논거가 된다는 취지의 판결을 하였다.8) 그러나, 이후 FCC는 전자혁명(Digital Revolution)을 통한 커뮤니케이션기술의 발전이 급속히 진전되고 있는 상황에서 주파수희소성을 근거로 방송을 규제하는 것이 설득력이 없다고 하면서

---

5) Neuman, W. Russell, The future of Mass Audience. 1991, p. 229.
6) 최영묵, "방송의 공익성과 심의제도에 관한 연구", 한양대학교 박사학위논문, 1996, 50면.
7) Rachael Craufurd Smith, Broadcasting Law and Fundamental Right, 1997. p. 44.
8) Red Lion Broadcasting Company Inc. v. FCC, 395 U.S. 369(1969).

1981년 라디오에 대한 탈규제정책을 선언하자 연방대법원도 FCC의 이러한 정책에 동의하였다. 연방대법원은 '전파의 희소성에 근거를 둔 방송매체와 인쇄매체의 구별은 차이가 없는 구별일 뿐이며, 사실 모든 경제상품은 그 나름대로 다 희소성을 지니고 있다'고 판결하여 기존의 태도를 바꾸었다.[9] 현재까지 미국의 연방대법원은 이와 같은 입장을 고수하고 있다. 그러나 이와 같은 미국 연방대법원의 태도 변화는 방송 기술발전으로 인해 주파수의 희소성을 근거로 한 규제논리의 사용이 무리가 있다는 판단에 따른 것으로 방송의 특수성 논리를 전면적으로 부인한 것은 아니라고 생각한다.

독일의 경우 제1차 방송 판결을 통해 방송설립의 어려움으로 인한 방송의 특수성과 특별한 보호의 필요성을 강조하고 있다. 독일연방헌법재판소는 "상당한 수의 신문과 잡지가 나름대로의 경향, 정치적 색깔 또는 세계관에 따라 독립적으로 서로 경쟁하며 존재하는 반면, 방송은 기술적인 면뿐만 아니라 방송사설립 등 방송업무에 소요되는 천문학적인 재정적 수요를 감안하여 보면 훨씬 적은 수의 방송사만이 존재할 수밖에 없다는 것은 분명하다. 따라서 기본법 제5조(언론의 자유)에서 방송의 자유가 매우 중요한 의미를 가지고 있으며 그로 말미암아 특별한 보호를 필요로 한다"[10]고 판시하였다.

프랑스에서는 전파의 희소성 문제가 민영방송의 허가제 도입문제와 관련하여 논의된 바 있다. 전파의 희소성으로 인하여 전파영역은 공물(domaine public)에 속하고 이러한 전파 방송은 헌법적 요구에 부응하는 공역무(service public)를 구성하는 것으로 공역무의 사전허가제도 도

---

9) Telecommunications Research and Action Center v. FCC, No 85-1160(1986).
10) Vgl. BVerfGE 12, 205(260ff.).

입은 위헌이라는 주장에 대하여 헌법재판기관인 Conseil constitutionnel (이하에서는 C.C.라고 약칭함)는 "입법자가 전파텔레비전 전체를 공역무에 제공될 법제도에 따르도록 하여야 한다거나 공역무특허제도를 채택하여야 하는 구속을 받는 것은 아니기 때문에 시청각커뮤니케이션수단의 속성상 가지는 기술적 제약과 전파방송방식, 공공질서 유지, 타인의 인권존중이 그 지대한 영향으로 인하여 침해하기 쉬운 사회문화적 표현사조의 다양성 확보라는 헌법적 효력의 목표들(des objectifs de valeur constitutionnelle)을 보장하는 것을 확실하게 하는 조건하에서 시청각커뮤니케이션의 사부문을 하나의 사전허가제도에 매이게 하는 것은 입법자에게 허용되는 것이라고 하였다."11) 즉, 프랑스의 판례는 전파의 희소성 등과 같은 전파의 성격이 어떠한지와 관계없이 민영방송에 대한 허가제는 기술적 제약과 다원성의 확보 등을 위해 가능하다고 보고 있다. 이러한 입장은 전파의 희소성 원칙이 방송규제의 법리에 있어서 절대적인 요소가 아니라는 점을 보여준다.

최근 디지털 방송기술의 급속한 발전에 따라 주파수의 유한성이 어느 정도 극복되고 있는만큼 방송의 주파수 희소성 이론에 기초한 방송의 특수성 이론이 변해야 한다는 비판적 주장이 제기되고 있다. 하지만 이러한 주장은 방송을 기술 종속적으로 이해하려는 사고에서 기인하는 것으로 풀이된다. 아무리 방송기술이 발전한다고 하더라도 본질적으로 자원은 유한할 수밖에 없으며, 방송은 내용전달을 위한 수단이 중요한 것이 아니라 방송내용 그 자체가 기술적 수단, 사회적 환경과 결합하여 공익적인 가치를 가지는 것이기 때문에 기술적 문제만을 들어

---

11) 정재황, "방송의 다원주의 보장과 방송규제기관의 권한에 관한 헌법판례, 한국헌법의 현황과 과제", 『금랑 김철수 교수 정년기념논문집』, 박영사, 1998, 454-455면.

이를 부정하는 것은 타당하지 못하다. 우리 헌법재판소도 이러한 관점에서 "방송은 신문과 마찬가지로 여론형성에 참여하는 언론매체로서 그 기능이 같지만, 아직까지 그 기술적·경제적 한계가 있어서 소수의 기업이 매체를 독점하고 정보의 유통을 제어하는 정보유통 통로의 유한성이 완전히 극복되었다고 할 수 없다"[12]고 판시하고 있다.

2) 사회적 영향력에 입각한 논거

방송의 또 하나의 본질적 특수성으로는 '사회적 영향력'을 들 수 있다. 방송의 구현방식은 영상이나 음성을 통해 이루어지고 있고, 이러한 방식은 수신자의 적극적인 수용 여부와 관계없이 무차별적인 정보전달이 가능하다는 점에서 다른 어느 매체보다도 강한 호소력을 가지고 있다. 그러나 "이러한 방송의 사회적 영향력은 미디어적 특성을 고려할 때 엄밀하게 논증할 수 없으며, 매스커뮤니케이션의 영향력은 당해 미디어에 대한 개인적인 견해, 수용자의 지적 능력과 심리상태 등과 같은 개인적 특징에 좌우되며, 이를 근거로 방송의 자유에 다른 기본권과 달리 특별한 제한을 가하는 것은 헌법적으로 정당화될 수 없다"[13]는 비판 등이 제기되고 있는 것도 사실이다. 그러나 방송이 다른 매체에 비해 사회적 영향력이 크다는 것은 입증이 가능하며,[14] 방송은 수

---

12) 헌법재판소, 2003.12.8. 선고, 2002헌바49 결정, 헌재판례집 15-2, 517면.

13) 김형성/지성우, "독일 방송허가·재허가 제도 연구", 『방송위원회』, 2005, 151-152면.

14) 모 공영방송사의 생방송도중 방송사고로 인한 여론 비등으로 방송심의와 관련된 방송법 개정이 이루어진 것은 방송의 사회적 영향력이 중요하다는 사실이 입증된 예라고 할 수 있다. 모든 가족이 모여 시청하는 방송프로그램 중 음란 장면(성기노출)을 여과 없이 내보내거나 드라마 중에 패륜적 방송을 하여도 당시 방송법의 제재조치로는 적절한 규제가 이루어질 수 없었다. 따라서 사회적으로 용인될 수 없을 정도에 이르는 방송을 한 경우에 방송 출연자에 출연제한과 방송사에 대한 과징금

용자의 선택이 아니라 일방적으로 수용할 수밖에 없는 형태의 매체라
는 특징을 가지고 있으므로 방송의 사회적 영향력은 개인적 수용능력
또는 견해에 따라 달라지는 것도 아니다. 기본권의 제한의 한계를 규정
한 헌법 제37조 제2항의 해석과 적용에 있어 방송의 사회적 영향력은
하나의 포괄적 근거로 작용하고 있다. 우리 헌법재판소는 "현재의 다채
널 유료방송산업의 확대가 방송매체에 대한 사회적 의존성을 증가시켜
방송이 사회적으로 강한 영향력을 발휘하는 추세이므로 이러한 방송매
체의 특수성을 고려하면 방송의 기능을 보장하기 위한 규율의 필요성
이 더욱 높다"15)고 판시하고 있다.

　　프랑스의 경우도 이러한 방송의 사회적 영향력을 근거로 방송을
정치적 측면에서 매우 중요하게 다루고 있다. 즉, 방송의 정치적 측면

부과를 할 수 있도록 방송법이 개정된 것이다(방송법 제100조 '제재조치' 참조). 이
와 관련, 미국의 FCC는 방송의 공익성 내지 공익성 보호를 위해 방송에 대하여 광
범위한 규제 권한을 행사하고 있는데 FCC는 커뮤니케이션법에 의거 음란방송 등
위법한 행위에 대해 금지명령, 면허의 취소, 과징금 부과 등의 행정적 제재를 할
수 있으며, 법무부에 대해 형사처벌을 요청할 수 있다. 행정적 제재는 과징금 부과
가 가장 일반적이다(FCC는 2004년 3월, 미국 슈퍼볼 게임 하프 타임에 여가수 자
넷 잭슨이 생방송으로 노래를 부르는 도중 그녀의 한쪽 유방이 노출되는 사고가
발생한 니플 게이트 사건에 대해 커뮤니케이션법에 의거, 55만 달러의 과징금을
부과하였으며, CBS의 라디오 프로그램「하워드 스턴(Howard stern) 쇼」가 지나치게
선정적이라는 이유로 350만 달러의 과징금을 부과하였고 그 결과 방송사는 스스로
해당 프로그램의 방송을 중단하였다). 영국의 OFCOM은 방송내용이 법규에 위반되
는 경우, 방송 중지 명령, 해당 방송프로그램의 정정 명령과 제재조치 사항을 해당
방송사가 고지하도록 명령할 수 있으며, BBC와 S4C에 대해서는 과징금을 최대 25
만 파운드를 부과할 수 있고, 허가 기간 단축이나 허가 취소까지 할 수 있다. 캐나
다 방송규제기관인 CRTC는 2004년 과도한 선정적·폭력적 언어를 반복하여 방송
하였다는 이유로 락(Rock) 전문 라디오 방송사인 CHOI-FM에 대하여 허가취소 조
치를 내린 바 있다(방송법 일부개정법률안에 대한 문화관광위원회 전문위원 검토
보고서, 2006. 2. 참조).

15) 헌법재판소, 2001.5.31.선고, 2000헌바43 결정, 헌재판례집 13-1, 1176면.

에서 공익성을 실현하기 위한 방안으로서 다원주의 보장을 방송정책의 원칙으로 채택하고 있다. "규제기구의 설립이 공익을 지켜내기 위한 수단이라 하더라도 민주사회에서 표현의 자유 영역에 대한 국가기구의 개입은 불온한 요소가 있을 수도 있다는 의심을 받기에 또한 충분하다"16)는 비판에도 불구하고 프랑스 시청각고등평의회(Conseil Superieur De l'Audiovisuel: 이하 'CSA'라 한다)는 다른 매체에 비해 정치적 영향력이 강한 지상파방송사업자들의 뉴스프로그램에 대해 '정치적 다원주의 평가 지표'에 따른 다원주의 준수 상황을 평가하고 있다.17) 즉, 프랑스에서는 '공익'이 커뮤니케이션 법을 구성하는 가장 기본적인 요소인 동시에 커뮤니케이션 법에 있어서 타인의 권리 보호, 사회적 이해 보호 등 표현의 자유를 제한하는 요소이기도 한 것이다.18)

2. 현행 방송법상의 공익규정

우리나라는 공익성 개념에 대해 방송법을 통해 구체적으로 열거하고 있다. 현행 방송법은 방송의 공익성에 관해 보도의 공정성 및 객관성(법 제6조 제1항), 방송편성의 차별 금지(법 제6조 제2항), 국민의 기본권 옹호(법 제6조 제3항), 국민의 알권리와 표현의 자유의 보호·신장(법 제6조 제4항), 국민 문화생활의 질적 향상(법 제6조 제7항) 등으로 규정하

---

16) Emmanuel Derieux, 전게논문, p 11.

17) CSA, Réflexions sur les modalités du pluralisme, 2006. 08. 02 참조.

18) Jacques Morange, L'intérêt public en droit public français de la communication: Valeur Constitutionnelle, in Actes du Colloque franco-québécois, L'intérêt public: Principe du droit de la communication, 1995, pp. 27-31 참조.

고 있다. 이러한 방송법상 규정은 방송의 공익성 이념을 선언하고 있는 것이며, 공익성 실현을 위한 규범력 확보의 구체적 수단은 방송법의 각 개별조항에 규정되어 있다.19) 예컨대 방송사업 허가 등을 규정한 방송법 제9조의 규정이나 방송내용에 대한 심의의 근거가 되는 법 제32조의 규정, 방송사업자의 편성규제의 근거가 되는 법 제69조, 다채널 유료방송사업자의 방송채널 구성 의무를 규정한 법 제70조 등은 방송법상 공익성 이념 규정인 법 제6조 등에서 도출되어 그 실천을 담보하는 조항이라고 할 수 있다. 이러한 규정들이 현실적 측면에서 방송정책의 수립 및 집행에 있어 준거 틀로서 작용하고 있는 것이다.

---

19) 방송법 제6조는 방송의 공정성과 공익성을 구현의 이념적 방향을 설정하고 있는 중요한 조항이라고 할 수 있다. 동조의 규정들이 비록 방송사업자를 구속하여 동조를 위반할 경우 직접적 제재로 이어지는 처분적 성격을 가지고 있지는 않으나 헌법적으로 방송사업자에 대한 방송의 자유와 그 제한의 기준을 제시하고 있는 조항이라고 할 수 있다. 방송법 제6조(방송의 공정성과 공익성)의 각 조항의 내용은 다음과 같다. ① 방송에 의한 보도는 공정하고 객관적이어야 한다. ② 방송은 성별·연령·직업·종교·신념·계층·지역·인종 등을 이유로 방송편성에 차별을 두어서는 아니 된다. 다만, 종교의 선교에 관한 전문편성을 행하는 방송사업자가 그 방송분야의 범위 안에서 방송을 하는 경우에는 그러하지 아니하다. ③ 방송은 국민의 윤리적·정서적 감정을 존중하여야 하며, 국민의 기본권 옹호 및 국제친선의 증진에 이바지하여야 한다. ④ 방송은 국민의 알권리와 표현의 자유를 보호·신장하여야 한다. ⑤ 방송은 상대적으로 소수이거나 이익추구의 실현에 불리한 집단이나 계층의 이익을 충실하게 반영하도록 노력하여야 한다. ⑥ 방송은 지역사회의 균형 있는 발전과 민족문화의 창달에 이바지하여야 한다. ⑦ 방송은 사회교육기능을 신장하고, 유익한 생활정보를 확산·보급하며, 국민의 문화생활의 질적 향상에 이바지하여야 한다. ⑧ 방송은 표준말의 보급에 이바지하여야 하며 언어순화에 힘써야 한다. ⑨ 방송은 정부 또는 특정 집단의 정책 등을 공표함에 있어 의견이 다른 집단에게 균등한 기회가 제공되도록 노력하여야 하고, 또한 각 정치적 이해 당사자에 관한 방송프로그램을 편성함에 있어서도 균형성이 유지되도록 하여야 한다.

3. 방송의 공익성 판단을 위한 기본원칙

1) 공익성 판단의 기본적 요소

오늘날 방송법제를 지배하는 기본적인 원리는 다원주의, 객관성의 원칙, 평등성의 원칙, 계속성의 원칙, 적응의 원칙 등을 들 수 있다.[20] ① 방송의 다원주의(pluralisme)란 국민 각계 각층의 다양한 의견을 표현할 수 있도록 방송국들의 다원화를 이루고 다양한 방송내용과 국민의 방송기회를 제공해야 한다는 원칙이며, ② 객관성의 원칙이란 특정집단에 유리한 편파적인 방송을 해서는 안 되며 공정하고 정확한 방송을 해야 할 원칙을 말한다. ③ 평등의 원칙은 시청자들이 자신들의 사상·의견을 표현할 수 있는 기회를 차별 없이 부여받을 수 있는 원칙을 말하며, ④ 계속성의 원칙은 방송의 기능 중 공익증진을 위한 기능으로, 공공의 필요성에 부응하기 위해 제공되는 방송서비스가 단절되어서는 안 되며, 계속적으로 제공되어야 한다는 원칙을 의미한다. ⑤ 적응의 원칙이란 공공이 요구하는 바가 변하고 방송기술이 변화됨에 따라 그에 부응한 방송서비스를 제공해야 하는 원칙을 말한다.[21] 특히, 방송의 기본원칙 중 다원주의 원칙은 특정매체에 의한 여론독점을 방지하고 여론의 다양성을 확보하기 위한 장치로서 의미가 있다.

---

20) 정재황/이윤호, "방송산업에서의 불공정거래행위 규제에 관한 헌법적 고찰", 「성균관법학」, 제18권 제1호, 성균관대학교 비교법연구소, 2006, 95-96면.

21) 정재황, "방송에 의한 정치적 영역의 기본권 보장", 「고시계」, 1992, 166-167면.

2) 방송에 있어서 다원주의

방송의 다원주의(pluralisme)는 국민 각계각층의 다양한 의사가 방송을 통해 표현될 수 있도록 방송을 운영한다는 원칙을 말하는데, 이는 민주적 가치실현을 위하여 요구되는 헌법적 원리이다. 즉, 방송운영의 다양성 확보로 힘 있는 특정세력 및 집단의 여론 독점을 방지할 수 있으며, 언론에 있어서도 권력분립과 상호견제의 체제가 유지되어야 한다는 것이다. 방송의 다양성 및 권력분립의 원칙은 민주주의 가치실현을 위한 국민의 알권리 및 정보의 자유를 실현하는 필수적 계기를 마련하는 것이다. 이러한 다양성 이론은 언론 전반에 통용되는 것이지만 출판에 있어서는 활자 미디어 자체가 그 설립 및 운영의 경비나 기술적으로 보아 다수의 기업이 존재할 수 있고, 그 다수 존재성 자체가 다양성을 보장하는 여건이 될 수 있다. 그러나 방송은 그 기술적 제한 때문에 방송운영주체의 수가 소수에 머물 수밖에 없다는 점에서 특별한 평가를 요한다. 방송의 다양성 원칙을 확보하기 위하여 방송의 조직, 운용 및 편성에 관하여 광범위한 규제를 할 수 밖에 없다. 방송의 다원주의를 매우 중요한 철학으로 판단하고 이를 헌법적 가치로 인식하고 있는 나라로는 공영방송의 전통이 강한 프랑스와 독일을 들 수 있다.

가. 프랑스

프랑스의 경우 헌법재판기관인 C.C.가 프랑스에서 방송에 대한 국가의 독점을 깨고 방송의 자유를 인정하여 민영방송의 허가제를 도입하기 시작한 "1982년 7월 29일의 시청각 매체에 관한 법률"22)에 대한

---

22) 프랑스의 1982년 7월 29일 방송법은 '시청각 커뮤니케이션'의 자유를 최초로 인정한 법이다. 이를 통해 방송의 국가 독점이 끝나고 민간방송이 출현하게 된다. 그러

1982년 7월 27일의 결정에서 방송에 있어서의 다원주의원칙에 헌법적 효력을 명백하게 부여하였다.[23] 이 결정에서 C.C는 "입법자는 기술과 그 기술지배의 현상태에서 인권선언(1789년 인간과 시민의 권리선언) 제11조에서 나오는 커뮤니케이션의 자유권행사를, 한편으로는 시청각커뮤니케이션수단의 속성상 가지는 기술적 제약 및 다른 한편으로는 공공질서의 유지, 타인의 자유존중, 이러한 방송방식이 그 지대한 영향으로 인해 침해하기 쉬운 사회문화적 표현사조의 다양(다원)성 확보(la préservation du caractére pluraliste)라는 헌법적 효력의 목표들(les objectifs de valeur constitutionnelle)과 조절할 권한이 있다"[24]고 판시하였다. 이처럼 프랑스의 C.C.는 다원주의 원칙을 언론의 영역에서의 기본적인 토대의 원칙으로서 확고히 설정해 놓고 있으며 다원주의 원칙

나 동법으로 공영방송사는 민영방송사와의 경쟁 속에서 정체성을 잃어가고 있으며, 위기에 빠지게 된다는 비판도 제기되고 있다(Philie Marcangelo-Leos, Pluralisme et Audiovisuel, LGDJ, Paris, 2004, pp. 52-71).

23) 1982년 4월 프랑스 시청각 매체에 관한 법률에 대한 국회 법안심사 과정에서 방송의 공익성에 대한 좌우파간의 논쟁은 방송의 공익성 개념이 관점에 따라 다양하게 이해될 수 있다는 것에 대해 극명하게 보여주고 있는 예라고 할 수 있다. 좌파는 공공서비스로서의 방송을 중요한 이념으로 설정하고 방송의 공공성과 지역성 강화 원칙을 천명하고 있는 반면, 우파의 경우 방송의 민영화를 통한 방송의 국가독점 해소를 통한 방송의 다양성을 방송의 또 다른 공익성 논거로 제시하고 있다. 좌파의 방송의 공익성 강화 원칙에 대한 원문은 다음과 같다. "Il est un fait capital pour nous, une exigence essentielle et qui nous sépare fondamentalement, c'est la défense du service public. En effet, cette loi offre des ouvertures nouvelles et capitales, mais, en même temps, elle renforce les missions du service public en lui donnant les moyens de suivre et d'utiliser les techniques nouvelles, en lui donnant les moyens d'une véritable régionalisation"(Wook-Jei Sung, "La loi du 27 juillet 1982 sur la communication audiovisuelle la loi de la «CONTINUITE» ou celle de la «RUPTURE»?" thèse Doctorat (Univ. Paris Ⅱ), 2005, pp. 190-194 참조).

24) 정재황, 전게논문, 1998, 449-450면 참조.

에 헌법적 효력을 부여하고 있다.25) 즉, 사회문화적 표현의 다원성은 헌법적 가치이며, 또한, 다원성 존중이야말로 민주주의를 이루는 조건 중의 하나이다.26)

나. 독 일

독일 연방헌법재판소 또한 신문·방송매체 등에 대한 일반적 헌법적인 조직원리를 다원주의로 보았는데, 신문에 있어서는 신문사의 수가 상대적으로 많이 존재하고, 나름대로의 경향과 정치적인 논조나 세계관적인 기본적 입장 등에 따라서 상호 경쟁적인 신문 제작물들이 다양하게 존재함으로써 외부적으로 다원주의적인 요구는 충족된다고 했으나,27) 방송의 경우는 국가와 특정한 사회적 집단들이 영향력을 미치지 못하도록 하기 위해 일정한 여건이 구조적으로 마련되어야 하는데 그것이 내부적 다원주의의 요청이라고 하였다.28) 내부적 다원주의 확보를 위하여 방송을 감독하는 방송위원회나 각종 전문위원회나 심의기관 등을 설치하여 운영하고 그 구성은 각 집단대표를 참여시킬 것을 기본으로 하며, 프로그램 내용의 다양성·객관성·공정성 확보와 내용적인 평가에 관한 최저기준 유지를 위한 지도원칙의 정립, 방송에서의 상대방 존중원칙 등이 지켜질 수 있도록 방송내용이 편성되어야 한다.29)

---

25) 정재황, 상게논문, 451면.
26) Philie Marcangelo-Leos, 전게서, p. 2.
27) Vgl. BVerfGE 12, 205(261ff.).
28) Vgl. BVerfGE 12, 205(261ff.).
29) Vgl. BVerfGE 12, 205(262ff.).

4. 변화된 방송환경하에서 공익성의 방향

커뮤니케이션 기술의 진보에 따른 방송과 통신의 융합현상은 전통적으로 분류되고 있던 방송매체와 방송과 통신의 경계영역적 위치에 있는 다양한 매체들과의 무차별적인 경쟁을 유발시키고 있다. 그러나 과거에는 방송을 소비자에 판매하는 '상품'의 개념으로 바라보는 것에 대한 부정적인 시각이 일반적이었다. 즉, 방송은 그 속성상 공중의 사상과 의식에 직접적으로 영향을 미치는 문화적 성격을 강하게 갖고 있으며, 방송을 가능하게 하는 전파자원은 근본적으로 매우 희소하다는 인식으로 인해 방송시장에는 일반적인 재화시장에서처럼 시장의 원리인 경쟁의 원리를 도입하는 것이 바람직하지 않다는 것이다.[30] 공익성만이 유일한 이념이었던 공영방송의 경우에도 시장 내 독점적 지위를 보장받고 그 대신 보편적 서비스와 균형된 편성의 의무를 다하는 것으로 정당성을 보장받아 왔으나 계속되는 신규매체의 등장과 디지털 기술의 발전은 방송 서비스의 수를 기하급수적으로 늘리고 있고, 이러한 서비스들이 전통적으로 공영방송이 담당해 왔던 기능들을 점차 대체해 가고 있는 것이 현실이다.[31] 따라서 방송의 공익성 개념은 방송환경변화에 따라 수정이 불가피하다. 즉, 변화하는 방송환경에 맞춰 방송의 공익성 내용 및 판단기준도 달라질 수밖에 없는 것이다. 방송사업자간의 경쟁이 전무했던 과거의 방송환경하에서 적용되었던 방송의 공익성 개념은 방송기술의 발전에 따른 다양한 매체 등장이라는 상업 경쟁시

---

30) 김선구 외 4인, 「방송매체의 소유제한 및 경쟁정책」, 서울대학교 경제연구소 기업경쟁연구센터, 연구보고서 2003, 71면.
31) 강상현 외 5인, 「디지털시대, 방송의 공익성 정립방안」, 방송위원회 연구보고서, 2006, 5면.

대에는 변화가 되어야 하기 때문이다.

그러나 과거 방송의 공익성 이론은 경쟁적 방송환경하에서 현실성이 점진적으로 감소하고 있으나 이로 인해 방송의 공익성 구현의무가 완전히 없어지는 것은 아니며 단지 변허된 방송환경에는 새로운 형태의 공익성 개념이 추가적으로 만들어질 뿐이다.[32] 변허된 방송환경하에서 이러한 공익성 개념은 입법에 반영되어야만 실효성을 가질 수 있으므로 공익성 개념이 법제화시 현실적으로 규범력을 가지고 적용될수 있는지에 대한 면밀한 판단이 필요하다. 즉, 공익개념을 입법에 반영함에 있어 개별법규에 구체화된 내용이 어느 정도 타당성이 있으며 그 의미내용이 무엇인가에 대해서 논증이 가능해야 하는데 이러한 논증이 실패할 경우 그것이 아무리 공익의 이름을 표방하였다고 하더라도 진정한 공익으로서 법적 취급을 받을 수밖에 없는 것이다. 공익 판단은 더 이상 행정기관의 자의적 판단에서가 아니라 공익 판단에 대한 재판통제가 가능할 정도의 공익성 판단 기준이 마련되어야 할 것이다.[33] 또한 방송의 공익성 개념은 방송법제의 기본원칙으로 작용되어야 할 것이므로 그 내용이 선언적인 수준에서 머물러서는 안 될 것이다.

---

32) 영국의 경우 1990년대 후반 지상파디지털 방송서비스가 본격화되는 시점에서 기존의 공익성 개념에 '보편적 서비스'라는 새로운 공익성 개념을 추가했으며, 미국의 경우, 1996년 텔레커뮤니케이션법 이전에는 공익의 하위 개념 중 '지역성'을 가장 우선시했으나, 그 이후에는 경쟁의 원리를 방송의 공익성의 개념으로 가장 우선시하고 있다(강상현 외 5, 상게 연구보고서, 23-26면).

33) 최송화, "공익의 법문제화", 「청담 최송화 교수 정년기념학술회의」, 서울대학교법학연구소, 2006. 5면 참조.

5. 방송의 공익적 기능

1) 방송의 여론형성적 기능

여론은 "어떤 집단구성원들과 관계있는 문제를 중심으로 집단성원들 사이에 자유로운 커뮤니케이션이 행해진 결과, 그 집단성원들의 다수가 자발적으로 지지하게 된 의견으로 정의할 수 있으며, 이러한 여론은 현대 민주주의 사회에서 매스미디어를 통해 영향을 미치며 민주주의 정치제도의 도태로서 강력한 영향력을 발휘한다."[34]

방송, 신문, 인터넷 등의 언론매체는 정치, 사회, 문화에 관한 제반 정보를 수집·가공하고 보도를 통해 사회적 관심사가 되는 사안에 대한 여론형성의 기능을 수행한다. 현대 대중사회에 있어서 이러한 매스컴은 거대한 조직을 갖추고 기업적 이윤을 추구하는 사회세력으로 등장하게 되었다. 이러한 현대 언론이 수행하고 있는 기능은 전통적 의미에서 개인의 인격개발과 의사형성을 위한 정보제공뿐만 아니라 주권자로서 국민의 알권리를 충족시키고, 사회 일반의 공론을 대변하여 국정담당자의 입안 정책을 비판함으로써 국민과 국가를 연결시켜 주는 교량으로서의 역할을 담당하고 있다. 독일 연방헌법재판소는 "방송이 신문 등과 더불어 주요한 대중의 의사전달 수단이 되었으며 이제 여론형성의 수단이 될 뿐만 아니라 그 자체가 여론형성의 주요한 요소이고, 이러한 여론형성에의 참여는 정치적인 시사프로그램이나 뉴스를 통해서만 이루어지는 것이 아니며 오락프로그램이나 음악프로그램 등 다양한 프로그램을

---

34) 김창희, "정치적 여론의 조작 그리고 인터넷", 「지방자치연구」, 제10집, 전북대학교 지방자치연구소, 2002, 90면.

통하여 행해지는 것이며, 모든 프로그램은 어떤 내용이 프로그램을 방영할 것인지를 선택한다든지, 그것을 어떤 형태의 프로그램으로 형성하여 방송할 것인지를 결정하는 과정에서 이미 나름대로의 논조와 경향을 가지게 된다. 이제 방송은 공동체의 의사형성에 있어서 가장 중추적이고 필수 불가결한 대중의사 전달수단으로서 적어도 신문과 같은, 또는 그 이상의 의미를 갖게 되었다고 강조하고,[35] 의사형성의 현대적 수단인 방송이 국가는 물론이고 어떤 사회 집단에 맡겨지는 것은 기본법 제5조에 비추어 볼 때 금지된다. 방송사는 그 조직내부에서 또 전체 프로그램에서 다양한 의견들이 수용될 수 있도록 조직되어야 한다"고 판시하였다.[36] 이러한 여론형성기능은 민주주의 정치실현에 있어서 방송을 통해 사전에 토론장에서 정치적 공약이 형성되고, 시민과 그 대표 사이의 커뮤니케이션이 가능해짐으로써 공적 비판과 통제의 중점을 형성할 수 있게 되는 것이다.[37]

오늘날 이러한 언론매체 중 민주주의 가치실현 측면에서 방송만큼 강한 여론형성력을 가지고 있는 매체는 없다. 또 대통령 선거를 비롯한 각종 선거에서 방송의 영향력이 절대적이라는 것은 모두가 주지하고 있는 사실이다. 이는 영상과 음성을 통해 제공되는 정보의 직접성과 호소력 때문으로 이러한 방송의 여론형성 기능은 방송시장에서 공정거래 관련 법리를 도출하는 데 매우 중요한 기능으로 작용할 수 있는 것이다.

---

35) Vgl. BVerfGE 12, 250(260f.).
36) Vgl. BVerfGE 12, 250(263f.).
37) Vgl. BVerfGE 20, 174f.

2) 방송의 문화 형성적 기능

사전적 의미의 문화란 자연 상태에서 벗어나 일정한 목적 또는 생활 이상을 실현하고자 사회 구성원에 의하여 습득, 공유, 전달되는 행동양식이나 생활양식의 과정 및 그 과정에서 이룩하여 낸 물질적·정신적 소득을 통틀어 이르는 말로 의식주를 비롯하여 언어, 풍습, 종교, 학문, 예술, 제도 따위를 모두 포함하는 것으로 정의할 수 있다.[38] 헌법상 문화국가 원리는 국가와 문화간의 연관성을 파악함으로써 정의될 수 있는데, 법학적 의미에서는 국가에 대하여 특별한 관계에 있는 인간의 정신적·창조적 활동의 영역, 즉 학문, 교육, 예술에 대한 합의 및 집합개념으로 파악하고 있다.[39] 특히, 법학에서 문화개념을 정의하는 데 있어서는 헌법상의 기본권과 연관되어 있다. 즉, 문화활동의 자유와 자율성이 보장되어야 한다는 것이다. 여기서 자율성 보장이라는 것은 단순히 국가 간섭의 배제만을 뜻하는 것이 아니라 문화활동을 하는 자가 자율적인 문화활동을 할 수 있는 배경을 마련하는 것이라고 할 수 있겠다. 따라서 공법학적으로 문화를 파악할 때에는 기본권에서 보호받을 수 있는 인간의 인위적인 정신적, 창조적 활동의 영역 정도로 파악해야 할 것이다.

헌법 전문에서는 "…정치·경제·사회·문화의 모든 영역에 있어서 각인의 기회를 균등히 하고, 능력을 최고도로 발휘하게 하며…"라고 규정하고 있으며, 헌법 제9조에서도 '국가는 전통문화의 계승·발전과 민족문화의 창달에 노력하여야 한다'고 규정하여 명시적으로 대한민국

---

38) 동아새국어사전, 두산동아, 2008 참조.
39) Vgl. U. Steiner, "Kulturauftrag im staatlichen Gemeinwesen", VVDStRL 42(1984), 8f.

이 문화국가라고 선언한 조항은 존재하지는 않지만, 문화국가를 우리 헌법의 기본원리로 수용하고 있는 것은 분명하다.40)

국가가 이상적인 목표로 삼는 문화국가원리는 생활의 모든 영역에서 질적으로 향상된 생활의 향유 및 모든 불합리한 요소가 제거된 발전 지향적인 사회이며, 헌법의 기본원리로서의 문화국가는 다른 원리와의 구별을 통해 현실성 있는 헌법 원리로 기능하게 된다.41) 우리 헌법상의 기본원리로 민주주의, 법치국가, 사회국가 등을 들고 있는데, 문화국가원리도 이와 마찬가지로 국가가 지향해 나갈 한 부분이라고 할 수 있다. 따라서 국가에게 국민의 문화생활의 보호와 육성에 관한 과제 또는 책임이 부여되는데, 과제 또는 책임이란 국가의 편에서 헌법으로부터 부여받은 권한을 지칭하는 측면을 말한 것이며,42) 문화국가원리는 국가의 문화정책을 통해서 실현될 수밖에 없다. 우리 헌법 제9조는 문화국가원리를 헌법상 국가목적규정으로서 규율하여 왔다. 국가목적규정은 일반적 혹은 제한된 형태로 국가행위에 대한 원칙과 지침을 설정하고, 국가행위에 대해 명령과 지시를 통하여 일정한 방향의 방향설정과 실질적 과제를 부여하는 것이라고 이해할 수 있다.43)

현대의 문화적 영역은 방송을 통하여 구현되는 경우가 적지 않다. 즉 상당수의 문화활동은 방송을 매개로 하여 이루어진다고 할 수 있다. 더욱이 방송·통신의 융합 기술의 등장으로 문화는 이러한 신기술에 더

---

40) 김철수, 전게서, 140면; 권영성, 『헌법학원론』, 법문사, 2009, 147면; 계희열, 『헌법학』, 박영사, 2005, 413면.

41) 남궁승태, "헌법상 문화국가와 문화재보호", 『아태공법연구』, 제3집, 아세아태평양 공법학회, 1994, 68면.

42) 김수갑, "헌법상 문화국가원리에 관한 연구", 고려대학교 박사학위논문, 1999, 152면.

43) Vgl. U. Scheuner, "Staatszielbestimmungen", in: Festschrift für Ernst Forsthoff zum 70. Geburstag, 1972, S. 355.

욱 더 의존하게 되었다. 이 경우 문화의 자율성을 위하여 문화를 매개 또는 구현하는 방송·통신 융합에 대하여 국가는 개입을 삼가고 최대한의 중립을 유지하여야 한다.[44] 우리 헌법이 문화국가 원리를 지향하고 있고, 방송법 제6조 제7항도 '방송은 사회교육기능을 신장하고, 유익한 생활정보를 확산 보급하며, 국민의 문화생활의 질적 향상에 이바지하여야 한다'고 규정하고 있어 이러한 책임을 법률로써 강제하고 있다.[45] 오늘날 언론·출판 등이 국민의 문화생활에 미치는 영향이 지대하다는 점을 생각하면 이러한 책임을 인정할 수 있을 것이다. 프랑스의 경우, 시청각 커뮤니케이션은 프랑스 혁명이 표방하는 표현의 자유와 책임을 강조하는 오래된 역사적 전통을 지니며, 우리의 용어로 언론과 공론의 의미를 내포하는 민주주의의 중요한 가치로 이해되고 있다. 따라서 라디오와 텔레비전이 지니는 공공적 가치, 표현의 자유, 문화적 다원주의, 수용자의 선택권 등이 여전히 강조되고 있으며, 따라서 미디어 융합이라는 기술발전의 급속한 추세에 대하여 상대적으로 신중하고 보수적인 입장을 유지하고 있다. 이는 시청각 커뮤니케이션을 문화적 예외의 차원에서 보호한다는 EU의 지침에도 그대로 반영되고 있는 것이다.[46]

---

44) 곽상진 외 5인, 전게연구보고, 2006. 9, 159면.
45) 김철수, 전게서, 991면 참조.
46) 이기현, "프랑스의 방송통신융합 법제 개편 및 규제 기구의 현황", 「KBI 이슈페이퍼」, 05-06 통권 제10호, 34면; 나낙균, "한미간 방송시장개방(FTA)협상과 문화다양성 협약의 의의", 「한국언론정보학보」, 2006 가을, 통권 35호, 한국언론정보학회, 38면.

3) 방송의 긴급 상황전파 기능

방송은 그 속성상 전파와 전기통신설비를 필수적으로 이용할 수밖에 없으며, 전파나 송수신설비에 대한 기술적인 장애가 발생되지 않는다면 긴급적 상황을 담은 방송 내용을 수신인의 수신 여부와 관계없이 송신할 수 있다는 장점을 가지고 있다. 이러한 점에서 특정 대상에 대한 의사전달을 주목적으로 하는 통신과 달리 긴급적 상황에 효과적으로 대처할 수 있다. 즉, 방송은 전쟁, 천재지변, 재난 등의 긴급적 상황 발생시 특정상황에 대해 어떠한 매체보다도 가장 빠르고 신속하게 일반 대중에게 전달할 수 있다. 최근 발생한 이라크 전쟁 등의 보도가 시청자들에게 실시간으로 전달될 수 있는 것은 바로 이러한 방송의 즉시성 때문에 가능한 것이다. 현행 방송법 제75조 제1항은 '종합편성 또는 보도전문편성을 행하는 방송사업자는 자연재해대책법 제2조의 규정에 의한 재해 또는 재난 및 안전관리기본법 제3조의 규정에 의한 재난이 발생하거나 발생할 우려가 있는 경우에는 그 발생을 예방하거나 그 피해를 줄일 수 있는 재난방송을 하여야 한다'고 규정하여 종합편성을 행하는 방송사업자등에 대한 재난방송 의무 부과를 규정하고 있다. 특히, 위성 및 지상파 이동멀티미디어 방송의 출현으로 인해 방송 단말기 휴대가 보편화되기 시작하면서 방송의 긴급적 기능은 더욱 강력한 위력을 발휘하게 되었다. 그러나 방송의 긴급 상황에 대한 잘못된 보도는 시청자들을 엄청난 혼란 속으로 빠뜨릴 수 있기 때문에 방송의 올바른 기능 수행을 위한 규제의 필요성이 더욱 크다고 생각된다. 이러한 방송의 긴급적 기능은 경쟁적 방송환경하에서 공익적 요소로 작용하며 방송의 특수성에 대한 인식을 하도록 만드는 것이다.

V. 방송의 자유

1. 방송의 자유의 의의

언론·출판의 자유의 한 내용을 이루는 방송의 자유는 개인의 방송의 자유일 뿐만 아니라 방송국의 자유이기도 하다. 오늘날 전파매체·방송매체의 역할이 더욱 중시되고 있으며, 방송의 자유는 민주주의 국가에 있어서 사상의 자유시장을 형성하기 위한 의의를 가지고 있다. 따라서 방송의 자유는 자유권인 동시에 제도 보장이다. 방송에 대한 간섭은 방송의 자유, 공정한 대표적 의견의 형성이 가능하도록 하기 위해서만 인정된다.[1]

오늘날 과학기술의 발달과 함께 형성해 온 방송의 자유는 그 중요성이 날로 증대되고 있다. 언론·출판의 자유에 대하여 우리 헌법 제21조 제1항은 "모든 국민은 언론·출판의 자유를 가진다"고 규정하고 있다. 이러한 언론·출판의 자유는 서구에서 근대국가의 성립과 함께 성립된 전통적 자유권으로서 영국에서는 이미 17세기 말에 명예혁명과 "검열법"(The Licensing Act)[2]이 폐지되면서 확립되었다. 또한 "1776년 미

---

1) 김철수, 전게서, 988면.
2) 17세기의 영국 사회는 스튜어트 절대왕정으로 언론과 출판에 대한 '특허검열제'라는 통제가 존재했다. 이러한 통제에 대해 J. 밀턴은 '아레오파지티카(Areopagitica)'라는 제목의 팸플릿을 통해 자유로운 의견발표의 중요성과 검열 없는 출판을 역설했다. 당시 이러한 주장은 왕당파와 의회파로 분파된 영국 사회에 필요했던 '언론의 자유'를 가져다주는 계기가 되었으며, 이로써 '사상의 자유시장'과 같은 현대적 언론자유의 개념들이 등장하게 되었다.

국 Virginia 권리장전 제12조에서 규정"[3]한 이래 모든 헌법이 이를 규정하고 있다. 미국은 수정헌법 제1조에서 언론·출판의 자유를 제한하는 개인의 자유영역에 대한 국가의 침해를 금지하는 것을 그 본령으로 하고 있으며 이 조항은 연방대법원의 판례 해석에 의하여 언론과 출판의 자유뿐만 아니라 최광의의 사상표현의 자유를 보호하게 되었다. 우리 헌법재판소의 판례의 경향도 이를 넓게 인정하고 있다. 헌법재판소도 음반 및 비디오에 관한 법률 제3조 등에 관한 헌법소원심판결정에서 음반 및 비디오물도 의사표현·전파의 매개체에 포함되는 것으로 넓게 인정하여 "일반적으로 이 헌법상의 언론·출판의 내용으로는, 의사표현·전파의 자유, 정보의 자유, 신문의 자유 및 방송·방영의 자유를 들고 있다. 이러한 언론·출판의 자유의 내용 중 의사표현·전파의 자유에 있어서 의사표현 또는 전파의 매개체는 어떠한 형태건 가능하며 그 제한이 없다. 즉, 담화·연설·토론·연극·방송·음악·영화·가요 등과 문서·소설·시가·도서·사진 등 모든 형상의 의사표현 또는 의사전파의 매개체를 포함한다"[4]고 판시하여 언론·출판의 자유를 폭넓게 인정하고 있다.

방송의 자유란 넓은 의미에서 사상의 자유시장 성립·유지에 관한 일반 공중의 권리와 방송의 운영 편성에 관한 방송인의 자유를 의미한다고 할 수 있다.[5] 이를 더욱 넓게 보면 헌법상의 언론자유 중 방송의 경우는 일반 대중이 다양한 견해를 접할 수 있는 권리를 보장하는 것일

---

3) Virginia 권리장전 제12조는 "출판의 자유는 전체자유를 지켜주는 거대한 방파제의 하나이며 독재정부 이외에는 아무도 이를 폐지할 수 없다."고 규정하고 있다.
4) 헌법재판소 1993.5.13. 선고. 91헌바17 결정, 헌재판례집, 5-1, 275-296면.
5) 양건, "방송에서의 표현의 자유와 공적 규제", 「언론법제의 이론과 현실」, 나남출판사, 1993, 87면.

뿐만 아니라 일반 국민의 적극적인 방송이용권도 보장되어야 한다는 것이다. 방송도 일반적인 언론의 자유와 마찬가지로 개인이 향유하는 주관적 권리이다. 방송의 자유의 본질적인 내용은 방송의 업무수행으로서 기본권의 향유자가 방송프로그램의 내용을 자유롭게 형성하고 결정할 수 있도록 하는 데 있다. 자유권으로서 방송의 자유는 대중매체로서의 방송을 보호하는 것을 목표로 하고 있으며, 대중적인 의사전달의 형식을 수행할 권리를 보장하는 것이다. 자유주의 전통이 강한 미국에서는 방송의 자유가 주관적 권리로서 발전해 왔으나, 독일에서는 방송의 자유를 일반적인 언론의 자유의 개념으로 파악하지만은 않는다. 독일의 연방헌법재판소는 방송의 자유를 객관적인 이해의 관점에서 언론의 자유에 봉사하는 도구적인 자유로 이해하고 있다.6) 따라서 방송을 하는 측의 입장보다는 방송을 받아들이는 입장을 우선시하는 것이다. 이렇듯 방송의 자유에 대한 이해도 이에 대한 입장에 따라 각 나라별로 차이가 있는 것을 알 수 있는데, 우리 헌법재판소는 "방송의 자유의 성격에 관하여 헌법 제21조 제1항은 모든 국민은 언론·출판의 자유와 집회·결사의 자유를 가진다고 규정하고 있다. 같은 규정에 의해 보장되는 언론·출판의 자유에는 방송의 자유가 포함된다. 방송의 자유는 주관적인 자유권으로서의 특성을 가질 뿐 아니라 다양한 정보와 견해의 교환을 가능하게 함으로써 민주주의의 존립·발전을 위한 기초가 되는 언론의 자유의 실질적 보장에 기여한다는 특성을 가지고 있다. 방송매체에 대한 규제의 필요성과 정당성을 논의함에 있어서 방송사업자의 자유와 권리뿐만 아니라 수신자(시청자)의 이익과 권리도 고려되어야 하는 것은 방

---

6) Vgl. BVerfGE 83, 238f.

송의 이와 같은 공적 기능 때문이다"고 판시하여 방송의 자유의 성격
을 규명함에 있어 방송의 객관적인 가치 또한 고려되어야 할 중요한 요
소로 강조하고 있다.[7]

2. 방송의 자유의 법적 성격

방송의 자유가 주관적 권리로서의 성격을 가진다는 입장에서는 방
송의 자유에 대한 공적 규제를 담고 있는 규제법률은 기본권 제한적인
법률이라고 할 수 있다. 따라서 국가(입법자)가 방송의 자유를 제한하고
자 할 때에는 헌법 제37조 제2항의 기본권제한의 일반원칙에 따라야
하는 것으로 본다. 즉, 방송사업을 할 수 있는 권리는 자유권으로서 국
가에 대한 방어권으로 파악되며 이에 대한 허가제는 소극적 권한제한
규범으로서 이해된다. 다만, 방송의 경우 특수한 상황, 즉 주파수의 희
소성 등에 의하여 기본권 행사에 강한 제한을 받는 것이고, 이러한 특
수한 상황이 소멸된다면 국가에 대한 시민의 방어권이라는 전통적인
자유권적 기본권의 영역에 속하게 되는 것이다.[8]

방송의 자유를 객관적인 제도보장으로서 이해하는 견해에 따르면,
방송의 자유를 주관적인 권리성을 우선하는 것으로 파악하지 아니하고,
이를 언론의 자유라고 하기보다는 기본적인 자유에 봉사하는 제도적인
자유로 이해한다. 즉, 방송의 자유는 정부의 개입이 면제되는 것만으로
보장될 수 없고, 오히려 국가가 시청자에게 다양한 내용의 프로그램을

---

7) 헌법재판소, 2001.5.31. 선고, 2000헌바43 결정, 헌재판례집 13-1, 1175면.
8) 박용상, "방송의 자유의 보호와 그 형성", 「헌법논총」 제14집, 헌법재판소, 2003, 23면.

제공할 수 있도록 하기 위하여, 그리고 소수자의 견해가 보호될 수 있도록 하기 위하여, 프로그램 규제 등의 적극적인 입법조치를 취함으로써 보호된다는 것이며, 독일연방헌법재판소도 이러한 입장을 취하고 있다.9) 우리나라 헌법재판소는 방송법 제74조 협찬고지에 관한 위헌소원 사건에서는 방송의 객관적 제도 측면을 보다 강조하고 있다. 헌법재판소는 "방송의 자유는 주관적 권리로서의 성격과 자유로운 의견형성이나 여론형성을 위해 필수적인 기능을 행하는 객관적 규범질서로서 제도적 보장의 성격을 함께 가진다고 하면서 입법자가 방송법제의 형성을 통하여 민영방송을 허용하는 경우 민영방송사업자는 그 방송법제에서 기대되는 방송의 기능을 보장받으며 형성된 법률에 의해 주어진 범위 내에서 주관적 권리를 가지고 헌법적 보호를 받는다"10)고 판시하고 있다. 즉, 방송은 전파의 희소성과 이로 인한 사회적 영향력 때문에 다른 매체에서와 같이 일반적인 표현의 자유를 허용할 수 없고, 다만 구체적인 보장내용이 입법자가 형성하는 법률에 의해서 결정된다고 보는 것이다.11)

그러나 이러한 헌법재판소의 결정에 대해 비판적 견해도 제기되고 있다. 방송의 자유에 대한 주관적인 권리 측면을 경시한 채 객관적인 제도보장 측면만을 강조함으로써 방송의 자유를 제약하는 법률을 (기본권)형성적 법률로 이해하는 것은 방송의 자유의 주관적 권리성을 약화시킬 뿐만 아니라, 입법자를 지나치게 신뢰하여 거의 무제한의 입법

---

9) Vgl. BVerGE 12, 205ff.; 57, 295ff.; 73, 118ff.; 74, 297ff.; 83, 238ff.

10) 헌법재판소, 2003.12.8. 선고, 2002헌바49 결정, 헌재판례집 15-2, 517-522면.

11) Vgl. Klaus Stern/Herbert Bethge, Öffentlich-rechtlicher und privatrechtlicher Rundfunk, Frankfurt a.M./ Berlin 1971, S. 42.

형성의 자유를 인정함으로써 입법부와 사법부간 권력분립의 원칙에 반하는 결과를 초래하게 될 것이라는 것이다.12) 생각건대 방송의 자유는 주관적인 공권인 동시에 개관적인 질서로 파악하는 견해는 방송의 자유에 대한 주관적 공권으로서의 성격을 약화시킬 뿐만 아니라 기본권과 제도보장과의 구별을 모호하게 한다는 점에서 이러한 비판적 견해는 타당하다고 생각된다.

3. 방송의 자유의 제한과 한계

언론의 자유의 한 분야인 방송의 자유도 그것이 절대적인 자유가 아니고 헌법 제37조 제2항의 규정의 일반적 법률유보에 따라 공공복리와 국가의 안전보장·질서유지를 위하여 제한될 수 있는 권리이다. "일반적으로 방송의 자유의 제한에 관하여 논의함에는 매체의 소유와 운영을 중심으로 하는 구조적 규제와 방송내용과 편성에 관한 내용규제로 나누어서 논의하거나 방송통제의 시점에 따라 사전제한과 사후제한으로 나누어 기술하기도 한다. 우리 헌법은 사전제한으로서 구조적 규제인 허가의 금지와 내용규제인 검열제도의 금지를 규정하고 있고 사후제한으로는 기본권의 일반원칙에 맡기고 있다."13) 현행 방송법은 방송사업의 허가제를 시행하고 있는데 이와 같은 방송법상 허가제가 헌법 제21조 제2항에서 금지하는 언론·출판에 대한 허가나 검열에 대한

---

12) 김명식, "방송의 자유의 제한구조에 관한 소고", 「성균관법학」 제17권 제3호, 성균관대학교 비교법연구소, 2005, 20면.
13) 김경제, "방송의 자유에 관한 연구", 부산대학교 박사학위논문, 1997.8, 119면.

허가와 충돌하는 것인지가 문제가 된다. 헌법 제21조 제2항의 허가제 금지는 주파수 허용한계로 인하여 방송사업 허가제에 적용되지 않는다고 해석하는 견해가 있다. 즉, 방송사업허가제는 주파수가 허용하는 한에 있어서는 사전제한인 허가제는 금지되지만 허용한도를 넘을 경우에 전파의 내재적 속성으로 인하여 방송사업진입에 대한 허가제는 그 한도 내에서 허용된다는 것이다.14) 또한, 방송법은 방송사업자가 방송프로그램을 편성함에 있어서 공정성과 공공성, 다양성, 균형성, 사실성 등의 기준에 적합하도록 규제하고 있으며, 종합편성을 행하는 방송사업자는 정치·경제·사회·문화 등 각 분야의 사항이 균형 있게 적정한 비율로 표현될 수 있도록 하여야 한다고 규정하고 있다(방송법 제69조 제1항 내지 제2항). 이는 방송은 대다수 국민의 이익에 합치되는 보편적이고도 다양한 프로그램을 특정한 문화나 이념, 혹은 종교에 치우침 없이 편성해야 한다는 것이며, 계층과 연령층, 혹은 거주지역 등에 상관없이 국민이면 누구나 보편적인 방송프로그램을 시청할 수 있도록 해야 한다는 것을 의미한다. 즉, 방송법의 이와 같은 규정은 공공복리에 의한 방송의 자유에 대한 제한을 두고 있다고 생각할 수 있다. 하지만 공공복리에 의한 제한은 언론·출판의 자유의 이익보다도 훨씬 우월한 경우에만 한정하도록 하여야 할 것이다.15) 한편 법률에 의하여 기본권을 제한하는 경우에도 이를 절대적으로 인정하는 것이 아니라 모든 기본권 주체에게 모든 기본권을 최대한 보장해 주어야 한다는 기본권의 최대한 보장의 원칙에 따라 일정한 한계를 가지게 된다.16) 즉, 방송시장에

---

14) 김경제, 상게 박사학위논문, 124면.

15) 김철수, 전게서, 989면.

16) 김철수, 전게서, 461면.

대한 규제를 함에 있어서도 방송의 자유가 최대한 보장되는 방향에서 규제기준이 설정되어야 하고 방송의 자유와 제한에 관하여는 기본권과 기본권 제한의 한계를 고려한 비례성의 원칙에 따라 판단되어야 할 것이다.

　또한, 방송의 자유제한은 사회문화적 측면에서만 논의가 이루어지는 것은 아니다. 헌법상 방송의 자유의 제한원리는 방송법을 통해 방송운영자들에 대한 제반 규제가 이루어진다고 할 수 있다. 이러한 규제내용에는 방송시장에 대한 규제도 포함되는 것은 당연하다. 따라서 방송의 자유의 제한원리는 종전의 사회문화적 규제뿐만 아니라 방송시장에 대한 규제를 함에 있어서도 동일하게 적용된다고 보아야 할 것이다. 즉, 본 논문의 연구과제인 '방송시장에 대한 규제'가 방송의 자유에 대한 제한이 되므로 방송의 자유의 제한에 대한 법리연구는 더욱 중요해진다고 하겠다.

VI. 방송의 규제 체계의 현황

　　방송의 공공성에 터 잡아 방송에 대해서는 각종규제가 행해진다. 이러한 규제에는 공정경쟁, 사업자 인·허가, 표준인가 및 승인 같은 기술 경제적 규제가 있고 내용심의와 같은 사회문화적 규제가 있다.[1] 방송에 대한 규제는 '다양한 사회적 가치'에 초점을 맞춘 분석적 관점에서의 접근이 필요하며 이들 가치 상호간에 영향을 미칠 수 있도록 고려되어야 한다. 즉, 어떻게 그리고 무엇을 근거로 라디오와 텔레비전을 시청하는 개인 부문까지 확장하여 규제할 수 있는지와 그러한 규제가 얼마나 효과적인지에 대한 문제, 포괄적인 서비스 제공에 관한 공적 부문 방송사들이 취해야 할 편성방향, 현 상태에 적합한 방송사와 규제자 모두의 책임 메커니즘이 작동되어야 하는 것이다.[2] 즉, 방송에 대한 규제는 방송의 자유와 공익을 위한 제한과 적절한 조화를 통해 이루어져야 한다는 것이다. 앞서 언급한 바와 같이 방송은 다른 산업분야 또는

---

1) "통상 규제에 관한 논의는 경제적 규제(economic regulation)와 사회적 규제(social regulation)로 구분한다. 경제적 규제는 구조규제(structural regulation), 행위규제(conduct regulation)로 나누어지며 구조규제는 시장의 진입과 퇴출의 제한, 인허가 등을 말하고 행위규제는 시장주체의 개별행위인 가격·광고제한 품질표준화 등을 말한다. 사회적 규제는 환경규제·노동규제·소비자보호와 고용보장 등을 의미한다. 경제규제의 모습으로는 공정거래법을 기초로 한 공권력 행사이며, 이는 일정한 금지행위를 요건으로 이에 해당하는 행위의 작위 또는 부작위를 명하는 형식이다"(정영화, "경제규제의 헌법원리 및 이론연구", 미국헌법연구, 미국헌법학회, 2006, 8-9면 참조). 본 논문에서의 경제적 규제는 방송내용상의 규제를 제외한 방송시장에서의 각종 규제를 의미하는 것으로 사회문화적 규제는 여론형성 증진 및 문화·교육적 기능을 제고하기 위한 규제를 의미하는 용어로 사용되었다.

2) Mike Feintuck, Media Regulation, Public Interest and the Law, 1999, p. 39.

다른 매체보다 특수한 방송만의 규제방식을 가지고 있는데, 방송에 대한 규제체계는 엄격한 진입규제뿐만 아니라 방송사에 대한 소유제한, 방송운영의 핵심적 사항인 내용을 규제하는 체계로 구분될 수 있다. 또한, 이러한 규제는 경제적 측면과도 밀접한 관련성이 있다. 먼저 진입규제는 방송시장 진출을 사전적으로 봉쇄하여 방송사업의 운영을 통한 언론의 자유의 실현을 제한할 뿐만 아니라 경제적 측면에서는 직업선택의 자유와 영업의 자유에 대한 제한도 된다. 소유제한은 자본시장의 경제력이 여론시장으로 전이하는 것을 방지할 목적으로 규제되고 있으나 방송시장에서의 여론독점과 경제력 집중의 범위를 어느 정도 수준까지 허용할 것인가에 대하여 헌법적 차원의 문제가 될 수 있다. 그러나 현행 방송법은 소유제한의 방식을 일정비율 이상의 지분을 제한하는 형식으로 규제하고 있어 다양한 여론형성을 조장하기 위한 탄력적 규제에는 한계를 가질 수밖에 없다.[3] 방송내용에 대한 규제는 콘텐츠 내용의 공익성·공공성 확보를 위한 기본권의 제한 문제와 방송 상품의 시장성 추구, 표현의 자유 등과 헌법적 차원의 합리적 경계설정이 필요한 사안이다. 방송내용에 대한 규제방식은 내용의 다양성 확보와 자국의 콘텐츠 보호를 위한 편성비율을 제한하는 방식으로 이루어질 수 있으며 방송프로그램에서 표현되는 내용을 제한하는 심의규제로 구분된다. 이와 같이 현행 방송법을 통해 이루어지고 있는 방송에 대한 규제체계는 관점을 달리할 경우 방송의 자유뿐만 아니라 경제적 자유와 그 제한이라는 헌법적 문제와도 직결될 수 있다. 결국 자유주의 경제체제

---

3) 언론의 공정성 확보를 위한 소유규제 방식의 전환에 관한 논의를 다루고 있는 논문으로는 박선영, "언론의 공정성 확보를 위한 법리변화에 관한 여구 —소유제한에서 시청점유율 제한으로", 『공법연구』, 제24집 제4호, 한국공법학회, 2002 참조.

하에서의 방송에 대한 규제는 시장에 대한 규제가 필연적일 수밖에 없고 이를 배제할 수도 없는 것이다. 이러한 규제내용은 방송의 자유에 대한 제한원리로서 방송시장에 대한 금지행위 등의 기준설정 문제와 연결되는 것이다. 방송시장에 대한 시장지배적 사업자 기준이라든지 금지행위의 유형을 설정하는 문제는 기본적으로 현재 방송시장에서 규제되고 있는 방식과 원리가 고려될 수밖에 없다고 생각한다. 이하에서는 방송에 대한 현행 규제체계에 대하여 외국과 우리나라의 체계를 비교해 보고 방송시장의 규제에 있어서 고려되어야 할 원칙에 대한 방향성에 대하여 논의하고자 한다.

1. 진입 규제

1) 논의 배경

"진입규제"[4]로서 방송에 대한 허가는 자신의 사상이나 의견을 방송을 통해 표현하고자 하는 행위에 대한 사전적 통제로 이해될 수 있으며, 이러한 통제는 결국 방송 접근권의 차단이라는 기본권 제한의 논쟁으로 연결된다. 하지만 기술적 한계로 인하여 방송사업을 원한다고 하여 누구든지 할 수도 있는 것은 아니기 때문에 각 국가에서는 방송사업에 대한 허가제를 허용하고 있다. 이러한 진입규제가 방송의 자유를 제

---

4) 진입규제란 어떤 산업 또는 직종에 참여하여 사업을 할 수 있는 영업의 자유를 제약하는 규제를 말한다(최병선, 『정부규제론: 규제와 규제완화의 정치경제』, 법문사, 1992, 241면. 이와 관련하여 방송의 경우는 전파자원의 희소성을 주된 근거로 진입규제가 정당화되어 왔다).

한하는 것처럼 판단될 수 있으나 한편으로는 방송사업자에 대한 규제를 통해 일반인의 방송 접근권을 보장하는 것으로 이해할 수 있다. 즉, 허가제라는 진입규제를 통해 방송이 민주적 여론형성과 일반인의 방송의 자유를 실현할 수 있도록 규제하고 있는 것이다. 방송에 대한 진입규제는 각 국가별 정치적·문화적인 특성에 따라 강도의 차이가 있을 수 있으나 근원적으로 진입규제 자체는 인정하고 있으며 각국에서 정한 방송법규에 따른 규제를 받고 있다. 이러한 진입규제는 방송시장에서 각 나라별로 규정한 방송의 이념실현에 부합되는 방송사를 선택하여 효율적인 방법을 통해 방송을 운영하도록 하는 제도인 것이다. 이하에서는 방송의 특수한 규제로서 허가제와 기본권과의 관계에 대한 위헌성 판단기준에 대해서 각 국가별로 살펴보고자 한다.

2) 각 국가별 주요내용

가. 영 국

영국의 입헌주의는 당시를 풍미했던 자유시장경제의 원칙과 결합하면서 언론부문에 있어서도 보이지 않는 손에 의한 '자율교정과정'을 중시하는 사상의 자유시장론을 강조하였으며, 지금까지도 언론의 자율적 규제가 입법에 의한 공적 규제보다도 더 강한 규범력을 갖는다. 물론 경제적인 측면에서는 공정거래법(Fair Trading Act 1973) 등에 의한 정부규제를 받기도 하지만, 내용규제와 프로그램편성, 편집권, 영업권 등은 전적으로 자율규제에 의해 이루어지고 있다는 점에서 특이성을 갖는다.[5] 영국은 1996년 텔레커뮤니케이션법(Telecommunications Act

---

5) Catherine Elliott & France Quinn, English Legal System, 3rd ed., Longman,

of 1996)을 제정하였다가 다시 2003년 12월에 Office of Communi-
cation(이하 'OFCOM'이라 한다)의 권한 확대와 멀티미디어서비스에 대
한 규제를 목적으로 이를 개정하였다(Telecommunications Act of 2003).
이러한 변화는 유럽연합(EU)이 1989년의 국경 없는 TV지침에 기초해
서 1990년 이래 시행하여 온 "미디어 프로그램과 커뮤니케이션 인프라
스트럭처의 산업적 통합을 위한 정책"6)의 기본골격을 따른 것으로 다
른 유럽연합회원국들에서도 큰 틀에서 방향은 동일한 것으로 평가되고
있다.

2003년 말부터 라디오 면허부여 기능은 무선통신청(RA: Radio-
communications Agency)이나 라디오방송위원회(RAu: Radio Authority)로부
터, 텔레비전 면허부여 기능은 상업텔레비전방송위원회(ITC: Independent
Television Commission)로부터 각각 OFCOM으로 이관되었다. 방송허가
와 관련한 무선 서비스의 면허와 주파수 매매 등의 기능은 정책국 산하
의 경쟁 및 시장팀에서 수행하고 있다. 2003년 커뮤니케이션법은 제
152조에서 OFCOM으로 하여금 주파수 허가를 위한 영연방 계획을 수
립하도록 하고 있는데, 여기에는 (a) 영연방과 관련하여 무선전신을 위
한 특별한 목적을 위해 배분되고 할당 가능한 주파수와 (b) 서로 다른
주파수가 배분된 목적을 명기하도록 되어 있다. 또한, 동법 제167조부
터 제169조는 면허의 수여와 양도, 변경과 취소에 관한 계획 및 실행권
을 OFCOM에 부여하고 있다.

2000, pp. 475-476.
6) 2002년 3월 7일 '규제틀', '사업허가권', '엑세스권', '보편적서비스' 등의 4가지 지
   침, 2002년 4월 24일의 '라디오 주파수'의 통일적 정책을 위한 결정(decision),
   2000년 7월 31일의 '사생활과 전자커뮤니케이션'에 대한 지침 등.

나. 프랑스

프랑스의 실질적인 방송사업 허가기관은 CSA이다. 커뮤니케이션 자유법 제21조는 '총리는 CSA의 자문을 거친 후, 국가행정기관에서 부여하는 주파수 대역 및 주파수 그리고 CSA가 할당한 주파수 및 주파수 대역을 확정한다'고 규정하고 있다. 방송사업에 대한 허가는 CSA에 의한 허가와 신고로 구분된다. 허가의 경우 입찰과정을 통한 "협약"(convention)[7]의 형태로 이루어지게 되며 공영방송의 경우에는 이러한 과정을 거치지 않고 주파수 사용허가가 이루어진다. 프랑스 정부가 공영방송 허가에 있어 특별한 형식을 취하고 있는 이유는 정치권력이나 자본권력으로부터 방송의 독립성을 보장하기 위한 것이라고 할 수 있으며, 이는 헌법이 선언하고 있는 기본적인 가치인 다원주의 보장을 위한 특별한 장치이다. 이 같은 원칙은 지상파TV와 라디오방송의 디지털로 전환되는 환경에서도 동일하게 적용된다. 케이블TV나 위성방송과 같은 여타의 미디어와는 달리 지상파 방송이 디지털로 전환되어 주파수가 늘어난다고 하더라도 주파수 자원이 부족한 것은 아날로그 시대와 별로 다르지 않다.

전국(nationals), 지역(regionales), 지방(locales) 지상파 민영방송과 AM, FM 민영 라디오방송은 입찰과정을 통해 허가권이 부여된다(커뮤

---

7) 우리나라의 방송사업자 허가방식은 신청에 의한 처분으로 행한다. 방송통신위원회는 방송사업자 허가시 공익적 필요에 의해 방송사업 운영을 일정부분 제한하거나 부담을 지우고자 할 경우 행정부관을 부과한다. 그러나 프랑스의 경우에는 CSA의 방송사업자에 대한 허가처분 후 협약을 체결하고 있으며, 방송사업자가 협약을 위반하게 될 경우 허가취소까지 할 수 있도록 하고 있다. 프랑스는 이렇게 우리나라와 다른 방송사업 허가 방식을 취하고 있는데 방송의 공익성 확보와 방송정책의 실현을 위해 어느 방식이 더 합리적인지에 대한 연구가 필요하다고 생각한다.

니케이션 자유법 제28조). CSA에 의해 주파수의 할당이 필요하지 않는 케이블TV, 위성방송, "ADSL"[8]의 경우에도 CSA에 의한 협약을 통하여 허가가 이루어진다. 이 경우 유선망은 CSA가 제정한 기술규정에 적합하여야 하며 CSA의 기술 감독을 받게 되어 있다. 프랑스의 케이블TV 사업자는 두 가지로 분류된다. 우리나라와 마찬가지로 방송채널사용사업(PP)에 해당하는 채널서비스사업이 있고 시스템을 운영하고 가입자를 관리하는 케이블TV사업(SO)이 있다. 채널서비스사업자는 편집자로 불리고, 케이블TV사업자는 분배자와 방영자의 역할을 동시에 하고 있다. 케이블TV사업자는 편집자인 채널서비스사업자로부터 구매한 프로그램에 대한 권한을 가지고 이를 각 서비스 지역에 분배하여 서비스를 제공한다. 위성방송 역시 이와 같다. 채널서비스사업자의 경우는 CSA에 신고와 협약을 체결해야 하며 케이블TV사업자와 위성방송사업자는 통신규제청과 CSA에 신고해야 한다.

CSA의 방송사업자 선정은 방송사업자의 의무조항인 사회문화적 표현의 다원주의 준수, 사업자의 다양화, 방송시장에서의 지배력남용이 되지 않는지의 여부 등을 고려하여 각 사업계획서 평가를 통해 이루어지며 이후 협약체결을 통해 허가한다. 협약서의 내용에는 허가 대상자가 준수해야 할 주요 의무사항을 명시하고 있다. 이러한 의무사항들에 대한 일반적 원칙으로는 인간의 존엄성을 존중하고 청소년을 보호하며 사고와 의견의 표현에 대한 다원주의와 정보의 진실성, 프로그램의 질

---

8) ADSL(asymmetric digital subscriber line, 비대칭 디지털 가입자 회선)은 영상 전송 서비스에도 이용되고 있는데 이는 디지털 영상 압축 기술을 이용하여 전화 서비스와 함께 가입자가 케이블TV 등의 비디오 서버로부터 원하는 영화를 불러내어 시청할 수 있는 주문형 비디오(VOD) 서비스를 제공하기도 한다. 유럽에서는 우리나라의 IPTV서비스를 ADSL 서비스라고 부른다.

과 다양성, 프랑스 언어와 문화를 보호하고 장려하는 것이다. 구체적
의무사항은 광고, 협찬 및 홈쇼핑에 적용되는 법제와 규제의 내용준수,
영상작품과 영화 작품의 제작과 방송의 조건에 관련된 법제와 규제의
내용준수 등이 있다.

다. 독 일

독일의 기본법 제5조 제1항 제2문에서 "프레스의 자유"9)와 방송
의 자유를 보장한다고 규정하고 있으며,10) 이 규정에 근거하여 연방
각 주의 프레스법(Pressegesetz)에서 '허가로부터의 자유' 또는 '접근
의 자유'라는 제하의 프레스 기관의 설립에 있어서는 허가제가 전적으
로 배제되고 있다. 반면 방송의 경우에는 "공영방송"11)은 각 주의 미

---

9) 독일 연방 기본법에서의 프레스의 자유란 방송의 자유에 대한 대조적 개념으로서
   사용된 것이며, 신문을 포함한 출판의 자유를 의미하는 것으로 해석된다.

10) 독일기본법 제5조 제1항 제2문은 "누구나 말과 글 그리고 그림으로 자신의 의사를
    자유롭게 표현하고 전파하며 일반적으로 접근할 수 있는 정보원으로부터 방해받지
    않고 정보를 얻을 권리를 갖는다. 출판의 자유와 방송 및 필름을 통한 보도의 자유
    는 보장된다. 검열은 허용되지 않는다"고 규정하고 있다.

11) 공영방송에 관해서는 각 주에서 규율한다. 주공영방송국은 주 단위로 독립해서 또
    는 여러 주가 연합해서 설립한다. 독일 전체 인구는 8,200만 명인데 16개 주 중에
    서 1,600만 명으로 인구가 가장 많은 노르트라인-베스트팔렌주를 대표사례로 살펴
    보면, 이 주(국가)의 공영방송국에 관한 근거법률은 독일서부방송 법률이다(Gesetz
    ueber den »WESTDEUTSCHEN RUNDFUNK KOELN« - 약칭 WDR-Gesetz - vom
    23. Maerz 1985, in der Fassung vom 30.11.2004 - 노르트라인 주법률공보 GV.
    NRW v. 17.12.2004, S. 770 소재) 각개 공영방송국은 다시 독일연방공화국 전역을
    단위로 총 연합하여 공영방송연합 체제로 방송활동을 전개한다. 독일 제1텔레비전
    방송과 독일 제2텔레비전방송이 그것이다. 그렇다고 해서 공영방송연합 자체에 법
    인격을 부여한 것은 아니다. 법적으로는 여전히 각개 주공영방송국의 독자적 존재
    성을 엄격하게 유지한다. 독일 제1방송(약칭 아아르데의 - ARD - 원래 명칭은 독
    일연방공화국 공영방송국 공동작업조합으로서 - Arbeitsgemeinschaft der öffen-
    tlich-rechtlichen Rundfunkanstalten der Bundesrepublik Deutschland - (베를린과 브
    란덴부르크 지역의 2개 공영방송국을 합병한 이후 - seit der Fusion von ORB und
    SFB zum Rundfunk Berlin-Brandenburg am 1. Mai 2003) - 9개 주공영방송국

디어법에 의거하여, "민영방송"12)은 방송국가협약 제20조 제1항에 의
거하여 각 주의 미디어법에 따른 허가를 얻어야 한다. 방송 이외의 미
디어서비스가 방송에 포함되는 경우 당해 서비스 제공자도 역시 방송
과 동일하게 각 주의 미디어법에 따라 허가를 얻어야 한다. 다만 당해
미디어 서비스가 모든 미디어 관리청의 합의에 의하여 방송에 포함된
다고 결정된 경우에도 당해 미디어서비스 사업자가 이러한 허가를 원
하지 않을 경우에는 방송의 개념에 포함되지 않는 미디어서비스만 제
공하여야 한다. 연방이나 주 차원의 공영방송의 설립에 대한 관할은 내
무부와 주정부가 담당하고 있으며, 민영방송에 대해서는 주미디어청 방
송허가위원회가 이를 담당한다. 주미디어청 방송허가위원회의 가장 중
요한 업무는 방송허가를 하는 일이다. 민영방송에 대한 허가방식에 대
한 사항은 주미디어법으로 규정하고 있는데, 통신 및 전파관계, 망 및
설비의 이용에 관한 사항은 통신청에서 입법한 "텔레커뮤니케이션
법"13)으로 규정하고 있다.

(Landesrundfunkanstalten)과 대외방송국인 독일라디오 - die Anstalt des Bundesrechts
Deutsche Welle (DW) 등이 그 구성원이다. 그에 관한 법적 근거는 ARD 주간국가조약
이다(ARD-Staatsvertrag (ARD-StV) Vom 31.August 1991, zuletzt geaendert durch den
Neunten Staatsvertrag zur Änderung rundfunkrechtlicher Staatsvertraege (Neunter
Rundfunkänderungsstaatsvertrag) vom 7. Februar 2007 (ABl.Saarland 2007 S.450);
독일 제2공영방송도 텔레비전 방송국으로서 그 법적 근거는 제2텔레비전방송 주간국가조
약이다(ZDF-Staatsvertrag vom 31. August 1991, in der Fassung des Neunten Staats-
vertrages zur Änderung rundfunkrechtlicher Staatsverträge(Neunter Rundfunkänder-
ungsstaatsvertrag) in Kraft seit 1. März 2007).

12) 민영방송 즉 상업방송에 관해서도 역시 각 주에서 규율한다. 예컨대 노르트라인-베
스트팔렌주의 경우 근거법률(Rundfunkgesetz für das Land Nordrhein-Westfalen (LRG
NW) in der Fassung der Bekanntmachung der Neufassung vom 24. August
1995(GV. NW. 1995 S. 994), zuletzt geändert durch Gesetz vom 10. Februar
1998(GV. NW. 1998 S. 148)).

13) 통신법은 연방법에 속한다(Telekommunikationsgesetz vom 22. Juni 2004 (BGBl.

라. 미 국

미국에서 표현의 자유는 연방 수정헌법 제1조에 근거하고 있으며,14) 언론의 자유를 제한하는 법률의 합헌성을 판단함에 있어서, 규제 대상이 언론의 내용인가 아니면 언론의 내용과 상관없이 언론의 시간, 장소 또는 방법인가에 따라 합헌성 여부의 심사기준을 달리한다. 즉, 규제 대상이 언론의 내용일 경우 엄격심사(strict scrutiny)의 원칙에 따라 원칙적으로 위헌이라고 추정되고, 그것이 합헌이라고 인정되는 것은 국가의 필수적인 이익을 위한 최소제한의 수단(the least restrictive means)에 의하여야 한다. 그에 반하여 표현의 내용과 무관한 시간, 장소 또는 방법의 규제에 대하여는 보다 완화된 심사기준이 적용된다. 1934년 커뮤니케이션법은 FCC의 재량범위를 제한하기 위해 '공익, 편익 또는 필요'(PICON: public interest, convenience or necessity)라는 유명한 기준을 설정했는데(1934년 커뮤니케이션법 제303조), 이 PICON 기준은 그 뒤 FCC가 방송국의 허가, 재허가 및 허가 양도에 적용해 왔다. 커뮤니케이션법 제20조의 규정에 따라, FCC는 방송국면허 및 면허갱신 또는 수정의 신청을 심사할 권한과 그것이 '공익, 편익 또는 필요'에 부합되는지의 여부에 따라 그 면허를 부여하거나 거부할 권한을 가지고 있다. 1996년 커뮤니케이션법(Communication Act of 1996)은 방송면허의 부여가 반드시 공익에 부합하여야 할 것을 요구하고 있다. 또

I S. 1190), zuletzt geändert durch Artikel 2 des Gesetzes vom 21. Dezember 2007(BGBl. I S. 3198)).

14) 미국 연방수정헌법 제1조는 "미합중국의회는 종교를 수립하거나 종교의 자유로운 행사를 금지하거나 언론 또는 출판의 자유를 제한하거나 또는 평온하게 집회하고 고통의 구제를 위하여 정부에 청원하는 인민의 권리를 침범하는 법률을 제정할 수 없다"고 규정하고 있다.

한 동법 제308조 (b)는 '모든 방송면허나 변경 또는 재면허 신청인은 FCC가 규정에 따라 시민권, 성격, 그리고 방송국을 운영할 수 있는 신청인의 재정적, 기술적, 기타 자격요건에 관해 규정한 바의 요소를 충족시켜야 한다'고 규정하고 있다. 이에 따른 방송국 소유의 기본적인 자격요건은 법적 요건, 기술적 요건, 재정적 요건, 특성, 고용기회평등(EEO: Equal Employment Opportunity)의 범주로 나뉘고 있다.

마. 우리나라의 경우

현행 방송법은 지상파방송사업, 위성방송사업, 종합유선방송사업, 중계유선방송사업을 영위하기 위해서는 미래창조과학부와 방송통신위원회의의 허가를 받도록 규정하고 있다(방송법 제9조 내지 제10조 참조). 방송사업에 대한 허가·재허가 제도는 방송사업에 대한 진입을 규제하는 진입장벽으로 기능하고 있다. 방송사업의 허가는 방송사업계획에 대한 심사(동법 제10조 제1항), 방송설비 및 기술적 요건에 대한 형식적 심사를 하는 2원적 구조로 이루어진다. 방송사업에 대한 허가유효기간은 지상파방송과 위성방송은 전파법에 의해, 종합유선방송과 중계유선방송은 방송법에 의해 정해지며 그 기간은 7년을 초과하지 아니하는 범위 내에서 시행령에서 정하도록 규정하고 있다.

방송은 원하는 사람 누구나 방송국을 설치하는 데 필요한 자원을 스스로 구하여 자기 마음대로 방송을 할 수 있는 것은 아니며, 방송국을 누구나 마음대로 설치할 수 없는 것은 주파수 배분이나 시설비 투자 등의 이유가 존재하고 그 이유가 방송사업자로 하여금 제한된 언론의 자유를 향유하게 한다는 논리가 가능해진다.[15] 이러한 점 때문에 방송

---

15) 황성기, 전게 학위논문, 65면.

사업의 허가제에 대해서 방송을 통한 개인의 사상이나 의견을 자유롭게 개진하는 것은 불가능하게 하거나 어렵게 한다는 이유로 방송사업에 대한 위헌성 문제가 제기되고 있는 것이다.16) 헌법재판소는 방송사업의 허가제가 헌법적으로 허용될 수 있는지에 관해서 "내용규제 그 자체가 아니거나 내용규제의 효과를 초래하는 것이 아니라면 헌법 제21조 제2항의 금지된 '허가'에는 해당되지 않는다"17)고 판시하고 있다.

그러나 헌법 제21조 제2항은 언론·출판에 대한 허가는 금지된다고 규정하고 있는데 이러한 명문의 허가제 금지 규정이 있기에 더욱이 방송사업 허가의 법적 성격이 문제가 된다. 현행 방송법 제10조 및 제17조는 방송사업 허가 및 재허가 신청자에 대한 심사사항을 규정하고 있다. 동 규정에 따라 방송통신위원회가 방송사업자에 대해 허가를 할 때 심사할 사항으로서 방송의 공적 책임, 공공성, 공익성의 실현 가능성을 심사하도록 나열하고 있는데 그 각 심사사항은 포괄적 불특정 개념으로 이루어져 승인권자로 하여금 폭넓은 재량권을 행사할 수 있도록 하고 있다. 방송법에서 규정한 심사사항은 고도의 전문적, 정책적 판단이 요구되는 영역에 속하는 점을 고려하면 방송통신위원회의 허가처분은 재량행위로서의 성격을 갖는다고 보여진다.18) 그렇다면 현행 방송법상의 방송사업 허가는 강학상 허가가 아니라 특정인에게 권리나 이익을 부여하는 설권적 행정행위(특허)에 속한다고 할 것이다. 다만, 방송사업 허가의 시설기준이 강하여 방송사업의 설립허가가 특허가 아닌 사실상 허가가 되면 다양한 의견을 표명할 언론사가 많이 설립될 수

---

16) 전정환, "국가의 방송사업 허가권에 관한 위헌성 여부 고찰", 『공법연구』, 제26집 제1호, 1998, 186면.
17) 헌법재판소, 2001.5.31. 선고, 2000헌바43 결정, 헌재판례집 13-1, 1177-1178면.
18) 서울고등법원 2004.12.15. 선고, 2003누22720 판결.

없어 결국 내용규제가 되는 측면도 있을 수 있다. 생각건대 방송사업의 허가는 방송사업에 진입을 희망 하는 모든 신청자를 만족시키는 방향으로 이루어질 수 없다. 왜냐하면 방송사업을 운영하기 위해서는 재정적 조건으로 그에 상응하는 자본도 필요하겠으나 유한한 자원을 이용할 수밖에 없는 기술적인 한계도 분명히 존재한다. 이러한 점 때문에 방송사업의 허가가 실질적으로 특허의 형태로 운영될 수밖에 없는 것이다. 따라서 막대한 자본소요와 자원의 한계가 있는 지상파방송, 위성방송, 케이블TV의 경우에는 현재와 같은 특허방식으로, 이러한 방송에 비해 상대적으로 많은 자본과 자원이 필요하지 않는 방송채널사용사업에 대해서는 요건심사를 통한 등록(허가)제로 운영되는 것이 타당하다고 생각된다.

2. 소유 규제

1) 논의 배경

앞서 논의한 전파의 희소성과 사회적 영향력 이론으로부터 방송의 규제의 근거가 도출되는 것이라고 전제할 경우 소유규제의 목적은 여론형성 기능을 수행하는 방송의 다양성을 확보하고 여론독점을 방지하는 데 있다고 할 수 있다. 특정주체에 의한 언론시장의 장악은 언론이 사회의 다양한 의견이나 여론을 충분히 반영하지 못하는 부정적인 효과가 발생하게 되는 것이다. 현행 방송법에 의한 소유규제는 이종매체간의 교차소유나 동종매체간의 중복소유를 제한함으로써 매체시장에서의 자본의 집중과 시장의 독점을 억제하고, 이를 통해 사상의 다양성과 경쟁을 유지하는 방향으로 규정되어 있다. 매체시장에서의 독점규제의 전통은 각국의 매체규제정책의 골간을 이룬다. 특히 신문과 방송, 통신 영역간의 상호출자나 겸영 제한은 개별 매체간의 기술적 한계, 상호 독립된 시장 형성 등에 기반을 둔 일차적 규제 대상이었다.

그러나 오늘날 매체간의 기술적 한계가 무너지고, 매체 스스로의 독자적 시장파괴 현상, 다채널로 대표되는 매체의 통합화로 인해 이종 매체간의 상호진출을 금지하는 규범은 설득력이 감소되고 있는 실정이다. 대부분의 나라에서는 매체 기업의 여론 독점화를 막고, 다양성을 견지하기 위해서 시장 내의 점유율을 규제하거나 교차소유를 금지해왔다. 그러나 시장 내의 점유율에 따른 제한의 방식의 경우 관련이 없는 다른 시장과의 합병과 제휴에 있어서 어떤 기준을 적용할 것인지의 문제가 발생하게 된다. 예를 들어 방송기업과 통신의 결합으로 창출되는 새로운 시장의 경우 점유율 산정의 대상을 콘텐츠 상품에 한정할 것인지 혹은 전송망 사업을 포함한 전체 매출액을 그 기준으로 할 것인지에 따라 규제의 효과가 달라지기 때문이다. 교차소유의 금지에 대해서도 수백 개의 채널이 존재하고 인터넷을 포함해 다양한 대안적 미디어가 점증하고 있는 상황 속에서 새로운 규제 원칙과 방법의 모색을 요구하고 있다. 이하에서는 미디어 융합이라는 경쟁적 환경 속에서 미디어의 소유정책의 방향을 어떻게 설정할지를 논의하고자 한다. 먼저 해외 주요국의 사례를 살펴본다.19)

---

19) 방송산업 소유규제와 관련하여 상세한 내용은 성숙희 외, "방송산업 구조 변화와 소유규제 정책 －해외사례연구", 방송위원회 연구보고서, 2006 참조.

2) 각 국가별 주요내용

가. 영 국

영국은 전통적으로 전파의 희소성에 근거해 시장에 대한 정부의 개입을 통해서 미디어 시장의 경쟁을 유도해 왔다. 이는 공영방송의 기능을 중요하게 여기는 전통을 만들었을 뿐만 아니라, 시장경제 원리보다는 규제와 제한을 통해서 미디어의 독과점 시장을 유지해 오는 경직된 구조를 만드는 요인이 되었다. 그러나 교차소유를 엄격하게 규제함으로써 다양성을 확보하려는 영국의 시도가 다채널 디지털 시대에서는 더 이상 효율적이지 않게 되면서, 기존의 규제 원칙 및 가치들을 일부 포기하지 않을 수 없었다. 이러한 변화의 흐름 속에서 영국에서는 1996년과 2003년 두 차례에 걸쳐 방송 관련 법안의 제·개정이 이루어졌다. 1996년 방송법에서의 가장 두드러진 변화는 규제의 기준이 기존의 지분(interest) 중심에서 시청자점유율(audience share) 중심으로 달라졌다는 것과 동종 미디어 서비스 기업이나 이종 미디어 서비스 기업들간의 교차 소유를 허용한 점이다. 1996년 방송법에 의한 소유규제 완화와 소유규제 방식의 전환을 넘어 2003년 커뮤니케이션법은 방송은 독립적으로 존재하는 것이 아니라 커뮤니케이션이라는 더욱 포괄적인 개념하에 통신과의 중첩적인 관계로 존재하게 되었다는 인식의 변화를 보여주었다. 변화하는 미디어 환경 속에 소유규제 정책과 관련하여 의견의 다양성 확보는 여전히 중요한 가치이기는 하지만 소유규제 완화 정책과 함께 영국의 방송시장에서도 집중 현상이 두드러지고 있다.

나. 프랑스

프랑스는 1980년대 중반부터 방송산업이 탈규제화의 길을 걸으면서 매체산업계의 집중 현상이 두드러지게 나타났다. 문화적 다양성에 대한 정치적 배려가 높고, 프로그램 제작분야에서 다양성을 보장하기 위해 세계 유일의 제작지원정책을 지니고 있으며, 방송편성 분야에서 자국 프로그램 정체성을 매우 중시하는 프랑스는, 정치 다원주의와 문화의 다양성 확보에 중요한 방송시장에서의 집중에 대한 규제에 있어서는 그리 적극적으로 대처하지 못했다고 평가된다. 2004년에 이루어진 전자 커뮤니케이션법에 따른 개정 이후 현재 방송분야에 적용되는 동종매체 내 집중규제와 이종매체간 교차소유 제한 사항은 다음과 같다. 방송사의 주식과 매입은 실명으로 이루어져야 하며(커뮤니케이션 자유법 제35조 및 제36조), 방송사의 자본이나 의결권의 10분의 1 이상을 보유하게 된 자는 이러한 사실을 한 달 이내에 CSA에 통지해야 한다(동법 제38조). 소유규제는 전국적 시청권을 가지는 채널인지 아니면 지역적 채널인지를 구분하여 규정하고 있다. 전국 텔레비전 채널서비스를 천만 이상의 주민이 거주하는 지역에 방송되는 채널(제41-3조 제5항)로 규정하고 규제 대상자로서 상법 제233-3조에 의거한 회사를 직접 경영하거나 간접 통제하는 자(제41-3조 제2항)를 방송 피허가자로 규정한다. "전국 텔레비전 채널서비스"[20]에서의 소유규제를 보면 연평균 시청률이 전체 텔레비전 시청률의 2.5퍼센트를 넘는 방송사의 자본 또는 경영위원회 의결권의 49퍼센트 이상을 동일인이 직접적으로든 간접적으로든 소유할 수 없다(제39조 Ⅰ). 디지털텔레비전의 경우에도 마찬가

---

[20] 천만 이상 주민을 대상으로 하는 방송사를 말한다.

지다. 지역 텔레비전 채널 서비스의 경우 연평균 시청률이 전체 텔레비전 시청률의 2.5퍼센트를 넘는 지상파 전국 텔레비전 방송사 소유자는 지역 텔레비전 채널의 자본 또는 경영위원회 의결권의 33퍼센트 이상을 직접적으로든 간접적으로든 소유할 수 없다(제39조 Ⅲ). 현행 텔레비전 집중규제 원칙은 다른 유럽 국가들의 모델과 달리 한 채널에 대해 동일인 또는 동일 기업의 자본소유 상한선 제한의 원칙과 동일 매체 시장내부에서 허가 가능한 채널 수 제한의 원칙이 이중으로 적용되고 있다. 이러한 현행 규제내용은 동일 매체의 내적 다원주의와 이종매체시장에서의 외적 다원주의 원칙에 기초한다고 할 수 있다.

다. 독 일

독일의 방송에 대한 소유규제는 시청자에 미치는 영향력이라는 단 하나의 기준에 근거한다. 따라서 미디어 소유 규제 상한으로 시청자 점유율 30%를 지정하고 있을 뿐, 수평적·수직적 결합 등을 규제하는 별도의 법규정들을 두고 있지 않다. 여러 미디어간의 결합과 그에 따른 영향력은 '지배적인 의견세력'(vorherrschende Meinungsmacht)을 구별하기 위해서만 고려된다.[21] 따라서 방송국가협약에서도 소유에 관한 별도의 규정은 존재하지 않는다. 다만 '의견의 다양성'을 규정한 조항들에서 시청자 점유율에 따라 일정한 제한을 가하고 있을 뿐이다.[22]

---

21) 그러나 주차원에서는 여론형성의 독점을 막기 위하여 다양한 모델들이 적용되고 있다. 예를 들면, 일부 주의 방송법에서는 방송구역 내에서의 정기간행물의 총 발행량 중 20% 이상을 유통시키고 있는 기업은 지역 또는 지방용 프로그램의 방송시간의 반 이상을 제공해서는 안 된다고 되어 있고, 일부 주의 미디어 법은 지역 프로그램의 신청자가 일간지에서 시장지배적 지위를 가지고 있는 경우에는 단독의 제공자로서는 허가될 수 없는 것으로 하며, 또한 이러한 신청자는 제공자의 공동사업체가 설립될 경우에도 의결권 25% 이상을 보유해서는 안 된다(단 자본 참여는 35%까지 인정)고 정하고 있다.

22) 방송국가협약 RStV 제26조 제2항에서 년 단위의 평균 시청률이 30% 이상이면 지

독일의 방송법규는 외국 자본의 출연과 자본 소유 비율을 제한하거나 규제하는 규정도 마련해 놓고 있지 않다.23) 다만 방송사를 설립할 수 있는 개인, 다수의 자본 동업자, 법인은 유럽연합 회원국에 거주지가 있어야 하며, 재정적으로 충분한 능력과 방송사를 운영할 수 있는 경영 능력을 증명해야 한다. 이 새로운 방식은 이종 미디어간의 소유를 인정하고 시장진입의 자유를 보장함으로써 규제 완화를 통해 수용자의 선택권을 높여줄 뿐 아니라, 여론의 다양성을 보장해 주는 획기적인 방안이라는 평가를 받고 있다. 독일은 미디어 시장에 대한 지속적인 감시를 통해 미디어의 다양성이 확보되고 있는지를 관찰하는 한편 방법론의 타당성에 대한 고민을 지속적으로 하고 있다.

배적 견해가 성립되었다고 본다고 규정하였다. 제3항에 따르면 이에 해당될 경우 그 수준을 넘어 새로 프로그램을 송출한다고 신청할 경우 허가하지 않을 뿐만 아니라 합병 따위에 대해서도 허가하지 않는다. 이와 같은 제3항의 대처방안은 원칙적으로 소극적인 성격의 것에 그치지만 제4항의 대처방안은 중립적이고 전문적인 조사 기관을 동원하여 그보다 더 적극적인 것이다. 즉 제4항의 규정한 바에 따르면 "주 차원에서 주매체감독청(Landesme-dienanstalt)은, 간접적으로(매체영역 기업집중 조사위원회)(KEK-Kommission zur Ermittlung der Kozentration im Medienbereich)를 거쳐, 지배적 견해를 구성할 기업의 해체를 권고할 수 있다." 이에 관한 위헌 여부를 논의한 문헌에 관해서는 Stern, Klaus/M. Sachs/J. Dietlein, Das Staatsrecht der BRD, Bd. IV/1, München 2006, § 110 IV S. 1729f.(S. 1730 주 324) 참조.

23) 2002년에 붕괴한 독일 거대 미디어 그룹 키르히 그룹(Kirch Group)의 핵심회사였던 키르히 미디어(Kirch Media)의 주요 자산이 2003년 8월에 미국의 자본투자자인 하임 사반(Heim Saban)에게 양도된 바 있다. 당시 독일의 최대 미디어 그룹이 외국인의 소유가 된다는 데 사회적으로 우려의 목소리가 높았지만 주식의 72%가 하임 사반이 주도하는 컨소시엄에 매각되었다. 참고로 키르히 미디어는 프로지벤/자트아인스(Pro Sieben/SAT.1)사를 소유했는데 이 회사는 자트아인스(SAT.1)와 프로지벤 TV(Pro Sieben TV)라는 방송사를 운영했다. 이 매각의 결과 여론형성에 직접적으로 영향을 미칠 수 있는, 전국적으로 송출되는 종합방송프로그램을 제공하는 독일 상업 TV가 최초로 미국자본의 지배하에 들어가게 되었다.

라. 미 국

미국은 표현의 자유(freedom of speech) 원칙을 확인한 수정헌법 제1조를 기초로 공익성(public interest), 지역주의(localism), 사상의 공개시장(marketplace of ideas), 보편적 서비스(universal service), 다양성(diversity) 및 경쟁(competition)을 커뮤니케이션 정책의 기본 원칙으로 설정하고 있다. 매체의 소유 및 겸영과 관련한 미국의 관련법 및 정책들 역시 위에 열거된 원칙들을 기준으로 시행되어 왔다. 이 가운데 다양성 및 경쟁의 원칙이 최종 단계에서 판단의 근거가 된다. 다양성의 원칙은 시장 참여자들의 '특성'을 고려하는 반면, 경쟁의 원칙은 대개 시장 참여자들의 '수'와 그들의 시장 점유율에만 초점을 맞춘다. 즉, 경쟁의 원칙은 다양성의 원칙에 비해 경제적 접근방법을 채택해 시장 지배력 축소, 진입 장벽 및 가격 등에 관심을 갖는다고 할 수 있다. 1996년에 개정된 커뮤니케이션법은 케이블 전화회사의 공동소유 제한 규정, 케이블과 지상파 네트워크간의 교차 소유에 대해 남아 있는 몇몇 제한 규정 및 전국 라디오 소유권 제한 규정을 삭제했고, 지역 라디오 소유권 규정 및 텔레비전 중복 네트워크 규정을 완화했다. 또한 하나의 소유주가 가질 수 있는 텔레비전 방송국 수에 대한 상한 규칙들을 없애도록 했으며, 단일 TV방송 사업자가 도달할 수 있는 미국 가구의 비율을 25%에서 35%로 높이도록 했다.[24]

---

24) 하나의 네트워크가 직접 소유할 수 있는 방송사의 수(계열국, 직영국)가 전국 TV 보유 가구 대비 35% 미만으로 제한되는 것이다. 이 때 가구 수는 시청률을 의미하는 것이 아니라, 단위 방송국들이 전파를 발사하여 도달하는 가구 수이기 때문에 실제 네트워크가 직접 소유할 수 있는 방송국 수는 30~40개 정도이다. 미국의 인구와 국토의 규모를 고려할 때, 이러한 네트워크 소유 범위는 비교적 제한적인 특성을 띠는 것이라 볼 수 있다.

마. 일 본

일본방송의 소유규제 정책은 매스미디어 집중배제원칙을 통해 실현된다. 매스미디어 집중배제원칙이란 1개 사업자가 소유 또는 지배할 수 있는 방송국 등의 개수를 제한함으로써 시청자에게 가능한 한 다양한 방송매체를 확보시키는 정책을 말한다. 매스미디어 집중배제원칙은 '3개사업 지배금지', '복수국 지배금지'를 근간으로 각 매체간의 교차소유 및 외국 소유 등을 규제한다. 일본의 매스미디어 집중배제원칙의 특징은 방송사업자의 경우 시장경쟁의 확보(여론시장의 독점방지)라는 차원에서 그 소유 방송사의 수에 대한 규제를 가하고 있지만 이종미디어간 소유와 관련해서는 비교적 자유로운 규제체계를 유지하고 있다는 점이다. 한국과 달리 일본은 신문과 방송의 자유로운 교차소유가 허용되고 있다. "NTT"25)와 외국인을 제외하고는 모든 기업이 미디어를 소유·지배하는 것이 가능하고 대기업의 방송진입이나 소유도 자유롭다. 특히 뉴미디어 분야에서는 기존의 지상파 방송과 달리 소유·겸영규제나 외국인 지분규제가 적용되지 않는 자유로운 경쟁정책의 적용을 받고 있다.

바. 우리나라의 경우

오늘날 그 영향력이 증대되고 있는 방송법인은 거대한 자본과 기술을 바탕으로 재벌화되어 가고 있다. 반면에 시청자들은 수동적으로

---

25) NTT(Nipppon Telegraph and Telephone Corporation)는 일본전신전화주식회사를 말하며, 동 회사는 일본 통신사업의 국가에 의한 독점을 배제, 민간기업의 자유경쟁을 도입함으로써 고도정보사회의 신속한 실현을 목표로 하는 전신전화개혁 3법(85년 4월 1일 시행)에 의하여 전전공사가 경영형태를 공사에서 주식회사로 탈바꿈하였다.

방송국의 일방적인 보도 등을 수용하는 입장에 있는 경우가 많으므로 만약 방송이 어느 한 대자본의 독점 내지 과점의 지배에 있게 될 경우 그 대자본의 의도대로 편집진 등이 종속되어 방송의 다원성이 파괴되기 쉬울 것이다. 이에 특정인에 의한 방송법인의 주식보유를 제한하고 타 언론기관을 겸해서 경영하는 것을 제한 내지 금지하여 방송의 독점을 막는 것이 필요한데 이는 방송을 통한 다양한 정치의사의 표현을 위해서도 필요한 것인만큼 방송에 의한 정치적 권리의 보장에 있어서도 그 전제조건이 된다.26) 방송법은 방송의 다원성을 확보하고 여론독점 등을 규제하기 위해 방송사업의 소유와 겸영에 대한 규제를 하고 있다.27)

방송법은 이종매체에 대한 겸영을 규제함과 동시에 여전히 매체 내 겸영이나 소유를 일정 범위까지로 제한함으로써 콘텐츠 및 서비스의 다양성을 확보하고, 소비자의 선택권 보장이라는 공익을 실현하고자 하고 있다. 한편 과거에 비하여 소유·겸영규제가 보다 완화되어 동종 사업자간 "수평적 결합"28) 및 "이종 사업자간 수직적 결합"29)이 가능해지고, 지상파방송 등 일부 방송사업을 제외하고는 외국인과 대기업의 참여 기회가 확대되었다.

---

26) 정재황, 전게논문, 1992. 168면.
27) "방송신호가 전면적으로 디지털화되는 시점에 이르면 매체간 겸영제한이나 소유제한의 문제를 통해 견해의 다양성을 확보하는 접근방식은 설득력이 더욱 약해질 것이다. 최근 선진국에서는 매체간 겸영금지보다는 시청점유율규제를 통해 특정매체 및 자본의 여론독점을 방지하는 접근방식을 취하고 있다"(정재황 외, "사이버공간상의 표현의 자유와 그 규제에 관한 연구", 「헌법재판연구」, 제13권, 헌법재판소, 2002, 97-98면).
28) 예컨대, MSO의 등장을 의미한다.
29) 예컨대 SO와 PP가 결합된 형태의 사업자를 말한다.

<방송사업 소유 및 겸영 규제 현황>

• 방송법상 매체별 소유제한 규정 (00% 초과 금지, *는 IPTV법)

소유주체 \ 소유대상	1인 지분		일간신문.뉴스통신		대기업(10조원이상)		외국자본	
	기존	현행	기존	현행	기존	현행	기존	현행
지상파방송사업자	30%	40%	금지	10%	금지	10%	금지	금지
종합편성PP	30%	40%	금지	30%	금지	30%	금지	20%
보도전문PP	30%	40%	금지	30%	금지	30%	금지	10%
종합유선방송사업자	–	–	33%	49%	–	–	49%	49%
위성방송사업자	–	–	33%	49%	49%	–	33%	49%
*IPTV제공사업자	–	–	49%	49%	–	–	49%	49%
*IPTV콘텐츠사업자(종편/보도)	–	–	금지	49%	금지	49%	금지	20%
일반PP *IPTV콘텐츠사업자(일반)	–	–	–	–	–	–	49%	49%
중계유선방송사업자	–	–	–	–	–	–	금지	20%
전송망사업자	–	–	–	–	–	–	49%	49%

※ KBS와 MBC 는 방송법 제8조 제2항 단서규정에 의거 1인지분 30% 제한 예외적용

• 방송법상 매체별 겸영규제 규정

주체 \ 대상	지상파	SO	위성	PP	IPTV
지상파	o 일방소유 : 7% o 쌍방소유 : 5% o 사업자수 : 10% (DMB제외)	o 33%(주식)	–	–	
지상파 DMB	o 권역별 사업자수 – 3–5(1/3), 6이상(1/5)	o 33%(주식)	–	–	
SO	o 33%(주식)	o 1/3 (유료방송 가입가구)	o 33%(주식)	–	– *권역별 1/3 (유료방송 가입가구)
위성	o 33%(주식)	–	o 33%(주식) o 1개(사업자수)	–	
PP	o TV·R·D PP 별로 각 3% (사업자수), 6개 미만(6개까지)	o TV·R·D PP별로 각 1/5 (사업자수)	o TV·R·D PP별로 각 1/5 (사업자수)	o 33% (매출액, 홈쇼핑 제외)	o TV·R·D PP별로 각 1/5 (사업자수)

※ 특정방송사업자(특수관계자 포함)는 전체방송사업자 매출액 총액의 33% 이내

소유규제와 관련하여 최근 핵심적인 쟁점으로 제기되고 있는 문제는 이종매체간 겸영문제이다. 방송이 본격화되기 이전에는 전통적 인쇄매체인 신문이 여론을 주도해 왔다. 그러나 매체특성상 인쇄매체인 신문은 방송에 비해 여론 형성과정에서 직접적인 영향력을 발휘하지 못하고 있어 경영상 어려운 문제에 봉착되어 있다. 이와 관련 일간신문과 뉴스통신·방송사업의 겸영을 금지하는 신문법 제15조 제2항이 신문사업자의 신문의 자유를 침해하는지에 대해서 헌법재판소는 "일간신문과 지상파방송간의 겸영금지가 언론의 다양성 보장과 아무런 실질적 연관성이 없다는 것이 명백할 정도로 미디어매체나 정보매체 환경에 획기적인 변화가 생기지 않는 한, 겸영금지의 규제정책을 지속할 것인지의 여부, 지속한다면 어느 정도로 규제할 것인지의 문제는 입법자의 미디어정책 판단에 맡겨져 있다고 보아야 한다"30)고 하였다. 생각건대 커뮤니케이션 기술의 발달로 인한 다양한 언론매체의 등장이 예견되고 있는 상황에서 언론매체간의 겸영문제는 헌법적인 타당성이 있는지에 대한 판단의 문제로 보기는 어려울 것이다. 매체간 겸영의 금지 또는 허용에 대해서는 언론의 여론장악력 등 사회·문화적 고려와 언론매체의 시장지배력 보유 여부 등 언론에 대한 경제적 규제의 필요성 등을 종합적으로 고려하여 정책적으로 판단되어야 할 문제이다.31) 또한, 신문과 방송의 겸영 허용 문제를 결정하기 위해서는 언론의 다양성(diversity)과 공정성(fairness)의 정도, 규제방식(소유제한 또는 시장 점유율 제한), 언

---

30) 헌법재판소 2006.6.29. 선고, 2005헌마165 결정, 헌재판례집 18-1 하, 389면.

31) 미국에서는 FCC v National Citizens Comm for Broadcasting 436. U.S. 775.(1978) 판결에서 견해의 다양성 가치에 기초하여 동일지역 내에 방송국과 신문사의 공동소유를 금지시키는 규제를 지지한 바 있다.

론시장에서의 불공정거래 문제 등에 면밀한 검토가 선행되어야 하는 사안이라고 생각된다.32)

3. 방송콘텐츠 규제

1) 논의 배경

방송의 콘텐츠에 대한 규제로서 방송 편성에 대한 규제와 방송내용에 대한 심의규제가 운영되고 있다. 편성규제는 다원주의의 실현이라는 측면에서 방송프로그램 유형(장르)에 대한 비율규제,33) 자국의 방송프로그램을 보호하기 위한 국내제작 방송프로그램 편성비율규제,34) 다

---

32) 또한 헌법재판소는 신문에 대한 경제적 규제의 타당성에 대해 다음과 같이 판시하고 있다. "청구인들은 인터넷 등과 같은 뉴미디어의 출현으로 신문의 영향력이 점차 감소되고 있는 상황에서 신문시장에 대한 공정거래법상의 접근은 시대착오적인 것이라고 주장한다. 그러나 다른 언론미디어가 다양한 정보와 콘텐츠(contents)를 제공함으로써 여론형성에 있어 일정 부분 영향력을 행사하고 있는 것이 사실이라고 하더라도 민주주의 사회에서 언론이 지니고 있는 가장 중요한 역할인 정치적 의사형성에 있어서는 여전히 신문이 가장 중요한 여론형성 매체의 역할을 떠맡고 있다. 신문은 정기적·지속적으로 같은 독자에게 사실과 의견을 전파함으로써 독자의 의견형성에 결정적 영향을 미치고 있으며, 여론 주도층이나 지식층을 비롯하여 일반대중들도 신문의 보도와 논평을 통하여 정치적 의사 형성에 필요한 정보를 획득하고 이에 기초하여 자신들의 정치적 의사를 결정한다. 그러므로 여전히 다수 신문의 존재와 경쟁은 신문의 다양성을 유지하기 위한 중요한 요소가 되고, 신문시장의 독과점과 집중을 방지함으로써 신문의 다양성을 확보하고자 신문기업 활동의 외적 조건을 규율하는 것은 정당하고 또 필요하다"(헌법재판소 2006.6.29. 선고, 2005헌마165 결정, 헌재판례집 18-1 하, 387면).
33) 현행 방송법 제69조는 종합편성을 행하는 방송사업자에게 대통령령이 정하는 기준에 따라 보도, 교양, 오락 등의 프로그램을 상호간의 조화를 이루도록 편성할 것을 규정하고 있다.
34) 방송법 제71조는 방송용 극영화, 만화영화 중 국내에서 제작된 프로그램을 일정비

양한 주체에 의하여 제작된 다양한 방송프로그램을 통해 방송콘텐츠산업을 육성하기 위한 외주제작프로그램 편성비율규제[35] 등 다양한 목적에 의한 편성비율규제를 실시하고 있다. 방송심의는 방송이 사회를 건전하고 발전적으로 이끌어 주는 견인차 역할을 하는 제도라는 점에서 유용한 기능을 수행하고 있으나 일각에서는 방송심의가 헌법상 보장된 방송의 자유를 본질적으로 제약하는 것이 아니냐는 우려의 목소리도 존재하는 것이 사실이다. 이러한 방송내용에 대한 규제는 방송시장에서의 규제와도 관련성이 있다. 첫째, 내용규제의 대상이 되는 방송 프로그램은 방송운영자가 방송소비자인 시청자들에게 전달하고자 서비스의 핵심을 이룬다는 점이다. 방송운영자 입장에서는 양질의 방송 콘텐츠가 시장에서 다수의 시청자들에 의한 소비가 증가할 때 수익이 극대화될 수 있고, 그러한 수익은 다시 방송 콘텐츠의 생산에 재투자될 수 있는 근원이 된다. 이러한 방송 콘텐츠가 내용규제로 인해 시장에서 유통되지 못하는 상황이 발생하게 될 경우 사실상 방송사업에 있어 경제적 제한을 가하는 결과가 되는 것이다. 둘째, 방송심의 규제는 방송사업자의 진입과도 밀접한 관련이 있다. 방송심의 결과는 방송사업자에 대한 재허가 여부에 영향을 미치고 방송의 재허가는 진입·유지에 대한 규제이기 때문에 이에 대한 규제가 결국 방송의 진입·유지라는 경제규제에 연관된다면 본 논문에서도 논의할 필요가 있다.[36]

율 이상 편성하도록 강제하고 있다.

35) 방송법 제72조는 방송사업자가 당해 채널의 전체 방송프로그램 중 국내에서 당해 방송사업자(특수관계자 포함)가 아닌 자가 제작한 방송프로그램을 일정비율 이상 편성할 것을 강제하고 있다.

36) 미국의 경우 FCC가 방송프로그램 내용에 대한 제재를 이유로 허가갱신을 거부한 사례가 있다. 예일 방송국은 마약복용을 찬양하는 노래와 연주를 방송하였다는 이유로 FCC로부터 주의(Notice)를 받고 이를 이유로 이후 허가 갱신을 거부당했다.

방송통신융합현상과 아울러 향후 방송의 상업화 추세가 더욱 치열하게 진행될 것이다. 방송운영자의 상업적 경쟁의 핵심적 요소는 방송콘텐츠인 것이 당연하다. 따라서 방송의 공익성과 상업성과의 조화는 방송에 대한 경제적 규제체제 정립에 있어 심각하게 고민해야 할 문제이다. 이러한 점에서 방송에 대한 편성규제와 심의규제가 방송시장 규제에 대한 규제체계 정립에 어떠한 영향을 줄 것인지에 대해 검토해 보는 것은 매우 의미가 있다. 특히 "외국의 심의제도"37)와 편성규제에 대한 고찰은 향후 우리나라의 방송심의와 관련된 경제적 규제방향을 설정하는 데 있어 중요한 참고가 될 수 있을 것으로 생각된다.

2) 각 국가별 주요내용

2.1) 편성규제

가. 영 국

영국 방송에 대한 편성규제는 2003년 커뮤니케이션법에 규정되어 있다. 커뮤니케이션법 제264조 제4항(a)은 '공공의 서비스로서 텔레비전방송은 시청이 가능하도록 만들어진 다양하고 광범위한 주제의 방송

이에 대하여 예일 방송국은 FCC의 주의와 명령(The Notice and The Order)은 언론의 자유에 대한 지나친 제한으로 위헌적 요소가 있으며, 특히 주의에서 제시한 방송사업자의 프로그램에 대한 책임이 지나치게 모호함에도 불구하고 허가갱신을 거부한 것은 재량권 남용이라고 주장하고 소를 제기하였으나, 미국 연방대법원은 "모든 방송국은 공익, 편의, 필요에 따라 자신의 프로그램에 대해 적극적인 책임을 진다"고 판시하여 FCC 결정을 지지한 바 있다(Yale Broadcasting Company v. FCC. 478f. 2d 594(1973)).

37) 외국의 방송심의 제도에 관하여 상세한 내용은 정재황 외, "외국의 방송심의 규제 체계 및 사례조사", 방송위원회, 2007 참조.

프로그램 서비스 제공을 보장하는 것을 목적으로 한다'고 규정하여 방송프로그램의 유형(장르)별 다양성 확보 장치를 마련하고 있다. 이에 근거하여 동법 제264조 제6항은 방송 프로그램 장르를 구분하여 규정하고 있다.38) 방송사업자들은 자신이 편성한 방송프로그램이 사회적 문화의 다양성을 어느 정도 반영하고 있는지 평가해야 하고, 방송프로그램에 대한 정확하고 풍부한 정보를 제공함으로써 시청자들이 자신이 시청하는 방송프로그램에 대해 충분히 이해할 수 있도록 해야 한다. 또한 방송프로그램에 관한 정책을 입안하고 제시할 경우 시청자나 기타 관련 이해집단의 의견과 요구사항 등을 충분히 반영해야 한다.

커뮤니케이션법은 제277조에서 공공서비스 방송채널이 위탁한 독립제작물의 편성비율을, 제285조에서는 주요 지상파 방송사의 외주 프로그램 편성비율을, 제286조에서 "Channel 3과 5"39)의 지역 프로그램 편성비율을, 제288조에서 Channel 4의 지역 프로그램 편성비율이나 주요 지상파 방송사들의 런던 외부 지역 제작 편성비율을, 제295조에서 Channel 4의 외주 프로그램 비율을, 제309조에서는 공공서비스 채널에 포함되지 않는 디지털 텔레비전 프로그램 서비스에 적용되는 독립 제작 프로그램의 편성비율을 규정하고 있다.

---

38) 커뮤니케이션법 제264조 제6항은 방송프로그램의 장르를 ① 뉴스(news), ② 시사 (current affairs), ③ 교육과 교육적 가치를 포함하는 프로그램(education and programmes of educational value), ④ 학교 프로그램(schools programmes), ⑤ 어린이 프로그램(children's programmes), ⑥ 과학(science) ⑦ 종교와 기타 신념 (religion and other beliefs), ⑧ 사회 이슈(social issue), ⑨ 국제 뉴스와 시사 (international coverage), ⑩ 드라마(drama), ⑪ 코미디와 오락(comedy and en-tertainment), ⑫ 예술과 음악(arts and music), ⑬ 장편 영화(feature film), ⑭ 스포츠(sports), ⑮ 레저(leisure interests) 등으로 구분하고 있다.

39) BBC를 제외한 영국의 주요 3개 지상파 방송은 Channel 3(ITV), 4, 5가 있으며, 영국에서는 역시 공공의 이익을 위해 존재하는 '공영방송사'로 규정한다.

나. 프랑스

프랑스 커뮤니케이션 자유에 관한 법 제27조 제2항은 방송사업자가 "장편영화"40)와 "영상물"41)을 편성할 경우 적어도 60%는 유럽산이어야 하며, 40%는 "프랑스어 표현물"42)이어야 한다고 규정하여 유럽공동체물과 자국산 제작물에 대한 의무편성비율 의무를 규정하고 있다.43) 이는 1989년 국경 없는 텔레비전 지침의 제정(유럽산 영상물 편성 50% 이상)에 이은 조치로 방송사의 성격(지상파방송, 위성방송, 케이블TV, 디지털지상파방송 등)에 상관없이 영상물과 장편영화의 의무방영 조항은 동일하게 적용된다. 영화의 경우 연간 총 편수의 60%는 유럽산이어야 하고, 40%는 프랑스어 표현(동법 제7조)이어야 하며, 프라임 타임(20시 30분-22시 30분)대에도 이를 준수하여야 한다.44) 영화전문채널이 아닌 일반 텔레비전서비스편집자(PP)는 연간 192편 이상의 장편영화를 방영할 수 없으며 프라임타임 대의 방송편수는 144편을 넘을 수 없도록 하고 있다(동법 제8조).45) 영화전문채널의 경우 연간 500편 이상의 영화를 방영할 수 없으며(커뮤니케이션 자유에 관한 법 제9조), 수요일, 금요

---

40) 영화작품은 1시간 이상의 국내외 영화를 의미한다.

41) 영상물은 장편영화, 뉴스, 쇼, 게임, 스포츠, 광고, 홈쇼핑 등을 제외한 모든 프로그램으로, '드라마, 시리즈, 애니메이션, 다큐멘터리, 뮤직비디오, 스튜디오 촬영분이 반 이하인 오락 프로그램과 매거진, 단편영화, 공연중계'가 포함된다(1990년 1월 17일 시행령 90~66 시행령 제4조).

42) 프랑스어 표현물은 작품 전체가 또는 거의 대부분이 프랑스어나 프랑스에서 사용하는 지방어로 만들어진 작품을 의미한다(1990년 1월 17일 시행령 90~66 제5조).

43) 이에 대하여 1990년 1월 17일 시행령(제90~66)은 방송사의 영상물·영화작품의 의무방영비율에 대한 규제를 구체적으로 규정하고 있다.

44) 다만, 영화전문채널/PPV의 프라임타임 대는 18시~새벽2시이고, 영화전문채널(프리미엄채널)은 각각 50%, 35% 미만이어서는 안 된다.

45) 하지만 추가로 예술영화를 편성하는 것은 허용된다(최대 52편).

일 저녁, 토요일, 일요일(20시 30분 전까지)에는 영화를 편성할 수 없다 (동법 제10조), PPV채널의 경우, 토요일 저녁 18시에서 22시 30분까지 영화를 편성할 수 없다(동법 제11조). 영상물의 경우는 각 방송사는 영상물 방영에 할애한 총 연간시간의 60% 이상을 유럽산 작품에, 40% 이상을 프랑스어 표현물로 방영해야 하고(동법 제13조), 케이블TV나 위성방송의 경우, 협약(convention)을 통해, 위의 조항보다 낮은 비율을 책정할 수 있으나, 유럽산 영상물의 방영이 50% 이하로는 내려갈 수 없다. 의무방영 조항은 프라임타임 대에도 준수되어져야 한다(동법 제14조). 케이블TV나 위성방송 채널의 경우 협정에 의거, 위의 규정보다 낮게 책정할 수 있으나, 50% 미만으로 편성하지 못한다(동법 제13조). 대중가요는 1996년부터 공·민영 라디오 방송사의 대중가요 중 40% 이상을 프랑스어로 방송해야 한다. 프랑스어로 표현된 작품이나 프랑스에서 사용되고 있는 지역어로 불러진 음악작품의 실제적인 비율이 적어도 40% 이상에 달해야 하며, 이 중 절반은 신규제작에 할애되어야 하고, 이 비율은 CSA에 의해 허가받은 모든 라디오서비스의 유의미한 청취시간대에 적용된다(1986년 커뮤니케이션 자유법 제28-2조). 또한 CSA의 결정사항에 의해 옛날 가요 전문 라디오의 경우, 신규제작 비율은 10%까지 편성할 수 있다. 다만 이 경우에는 프랑스어 대중가요를 60% 이상 편성하여야 한다. 전문 라디오의 경우에는 신규편성에 할애하는 방송비율은 25% 이상이어야 한다. 이 경우에는 프랑스어 대중가요의 비율이 35% 이하로 편성할 수 있으며 라디오 방송사업자들은 위의 옵션 중 선택할 수 있다.

프랑스의 방송쿼터제의 특징은 각 채널에 대하여 이러한 쿼터제에 따른 편성시간 산출을 위하여 대단히 상세한 기준을 제시하고 있다. 즉, 프라임 시간대까지 쿼터비율을 맞추도록 하고 있다는 점이다. 이는 상업방송사들이 법상 규정된 쿼터제 비율만 맞출 경우 자국 프로그램 은 시청률이 낮은 밤 시간대에 방영하고 프라임타임 대에는 시청률이 높은 미국프로그램을 내보내는 등의 문제를 방지하고 규제의 실효성을 높이기 위해서이다. 프랑스는 또한 방영쿼터와 더불어 제작비 쿼터제를 실시하고 있다. 또 민영방송사의 허가조건으로 매출액을 기준으로 한 방송 영상물 지원규정을 두고 있다.46) 즉, 프랑스 쿼터제는 단순히 방 송시간의 양만이 아니라 투자해야 할 제작비에도 쿼터를 도입, 방송사 가 독립제작사에게 싼값에 프로그램을 수주하는 등의 불공정 거래를 막고 방송 프로그램의 질을 확보하도록 보호하고 있는 것이다.

다. 독 일

독일의 방송규제는 공영방송과 민영방송에 대해 각각 별도의 법과 기구를 통해 이원적으로 규율되고 있다. 공영방송인 ARD와 ZDF는 방송사 내부의 평의회(Rundfunkrat)에 의하여 자체적으로 규제되 며, 민영방송은 정부 기구인 주미디어청(Landesmedienanstalten: LMA)47)

---

46) 1990년 1월 17일 시행령 제99조-67조는 공영방송 및 민영방송사로 하여금 전년도 매출액을 기준으로 일정비율 독립제작사를 비롯한 방송영상물 제작사의 프로그램 을 구입하도록 하는 방송프로그램 의무제작 규정을 명시하고 있다.

47) 주미디어청(Landesmedienanstalten: LMA)은 모든 민간 상업방송을 규제하는 기구 이다. 규제 대상은 지상파, 케이블, 위성방송을 통해 방송을 하는 모든 민간 상업방 송이며, 프로그램의 송출 범위가 주 내인가, 전국인가에 관계없이 모두 규제한다. 독일의 주요 상업방송으로는 SAT-1을 들 수 있는데, 이는 1985년 서비스를 시작하 였고, 마인츠에 본부를 둔 순수 독일 국내 방송이다. 위성 채널인 RTL+는 룩셈부 르크의 CLT와 Ulfa가 대주주이다. 프로그램은 원래 비상업적 성격을 띠었으나, SAT-1와의 경쟁 때문에 흥미 위주로 바뀌어 준포르노성 방송이 주종을 이루었다. 그러나 현재 다시 진지한 프로그램 중심의 방송으로 선회하고 있다. Tele-5는 청소

이 규제를 담당하고 있다.

　독일 방송국가협약의 전문은 '공영 및 민영 방송은 개인과 공공의 자유로운 의견 형성 및 의견의 다양성을 지원할 책무를 지닌다'고 선언하여 공·민영 방송 모두에 대한 편성규제의 이념적 근거를 마련하고 있다. 동 협약 제25조 제1항은 "민영 방송의 내용에서 의견의 다양성이 대체로 표출되어야 하고 중요한 정치적, 세계관적, 사회적 권력과 단체들이 종합 편성 방송에서 적절하게 자신의 목소리를 낼 수 있어야 하며, 소수자의 의견도 고려되어야 한다고 규정하여 민영방송에 대한 방송내용 및 분야의 다양성 확보를 위한 편성의무를 부과하고 있다.

　또한, 동 협약 제26조 제5항은 "한 회사가 하나의 종합편성 방송 혹은 하나의 정보 전문편성 방송을 통하여 연평균 10%의 시청자 점유율에 도달한 경우, 해당 주 미디어청의 사실 확인 및 고지가 이루어진 6개월 이내에 독립적 제3자에게 방송 시간을 할애하여야 한다"고 규정하고 있으며, 방송국가협약 제31조 제2항은 '윈도우 프로그램의 길이가 주당 최소 260분이어야 하고 그 중 최소 75분은 19시부터 23시 사이에 방송하여야 한다'고 규정하여 방송편성 주체의 다양성 확보를 해 외주제작에 대한 의무를 부과하고 있다.[48]

　또한, 주 방송법들은 민영방송의 설립 조건으로 최소한 한 개 주

년 대상 프로그램으로, 주로 뮤직비디오, 스포츠 등을 방영한다. 지분의 일부를 이탈리아의 베를루스코니 그룹이 소유하고 있다. PRO-7 역시 청소년을 대상으로 하며, SAT-1의 주주이기도 한 키르히(Kirch)의 소유이다.

48) 독일의 독립제작사는 방송사의 소유지분이 25% 이하인 경우를 의미하며 그 이상일 경우에는 방송사에 종속된 자회사로 분류한다. 방송사업자에 대한 외주제작의무는 민영방송에만 부과한다. 그 목적을 살펴보면 첫째는 방송시장에서 민영방송에 대한 여론의 다양성을 보장한다는 것이고, 둘째는 특정기업에 의한 과도한 시장지배력을 배제한다는 것이다.

의 지역 프로그램을 송출하도록 의무화하고 있는데 민영방송의 지역 프로그램은 일주일에 평균 150분을 초과하지 못하도록 했으며, 이 가운데 외주 제작 프로그램의 편성 시간은 80분을 초과하지 못하도록 했다. 민영방송의 형해화 가능성을 미연에 방지하기 위한 조치라고 볼 수 있다. 뿐만 아니라 동일 지역 프로그램에서 방영된 외주 제작 프로그램은 전국적으로 50% 이상의 지역에서 시청 가능할 때만 민영방송의 외주 제작 프로그램 전체 방영 비율에 환산시키도록 하고 있다. 외주 제작프로그램에 대해서도 규모에 관하여 일정하게 하한을 설정하였는데, 이는 외주 프로그램 제작사가 실질적으로 활동을 전개하면서 대형화 사업으로 성장할 수 있게 그 조건을 제도적으로 규정한 것이다.

공영방송의 경우에는 구체적인 방송의 수탁임무와 프로그램원칙을 개별 공영방송 설치법에서 규정하고 있다. 독일 제1공영방송인 "ARD"49)의 프로그램원칙은 독일기본법에 규정된 방송은 보편적 서비스(Grundversorgung)원칙을 준수하고, 모든 이익단체와 국가로부터 독립된 방송을 한다고 규정되어 있다. 또한 ARD는 정보, 교양, 오락 등 크게 세 가지 장르의 프로그램을 제공하여 편성에 있어서 방송분야간 형평성을 유지하였다. 공영방송은 구체적인 프로그램 임무를 협약 제5조에서 규정하고 있다.50) 즉 동 협약에서는 해외와 국내 프로그램의

---

49) ARD는 각 주에 속한 11개의 독립 방송국으로 구성되어 있으며, 이 중에 쾰른의 WDR과, 함부르크의 NRD가 프로그램 제작과 편성의 대부분을 담당하고 있다. ARD의 이러한 탈중심화된 구조는 나치 체제와 같은 방송에 대한 전면적 통제를 막기 위한 것이다.

50) NDR협약 제5조는 (1) NDR은 시청자들에게 삶의 모든 필수 영역에서 해외와 국내, 지역에서 발생한 사건에 대한 객관적이고 종합적인 내용을 알려야 한다. 프로그램은 정보와 교양, 상식과 오락을 제공해야 한다. NDR은 또한 전문편성 프로그램도

균형 있는 편성, 프로그램의 정보와 교양 및 상식과 오락 등 각 장르에 대한 균등한 편성 등에 대하여 규제하고 있다. 독일의 제2공영방송인 ZDF도 프로그램원칙에서 ARD와 유사한 규정을 두고 있다. ZDF의 프로그램은 독일 전역의 시청자에게 전 세계에서 일어나는 일들을 종합적이고 객관적으로 보도하고, 독일 내의 발전된 모습은 충분한 설명을 곁들여 이해하기 쉽게 방송한다고 정하고 있다. 그러나 프로그램 장르에 대해서는 구체적으로 언급하지 않고 있다.

이상에서 살펴본 바와 같이 독일의 편성규제는 민영방송을 대상으로 하고 있는데 이는 민영방송이 지나치게 이윤획득만을 추구하여 파생될 사회적 문제점을 사전에 차단하기 위한 것으로 평가할 수 있다. 반면에 공영방송의 경우 평의회의 의원의 구성 및 조직, 활동 등의 관점에서 이미 구체적으로 관행과 규정이 상당한 수준으로 축적되어 있어 규제의 주체를 내부적 조직의 하나인 평의회로 운영하고 있는데, 이는 규제의 조직까지 포함시켜야 국가에 대하여 독립성을 확보할 수 있다는 절실한 요청의 구현이기도 하다.

라. 미 국

미국 연방통신위원회(FCC)는 프로그램 분류(programming category)에 대한 최소한의 규범(norms)이나 필요조건(requirements)을 제정하지

허용된다. (2) 북독 지역의 문화와 언어는 프로그램에 고려되어야 한다. 이러한 목적을 위해 그리고 문화적 정체성을 유지하기 위해 NDR은 원칙적으로 방송 권역 내 4곳의 주에서 프로그램을 제작해야 한다고 규정하고 있다. 공적 책임을 다하는 방송을 위해 크게 정보(뉴스와 보도, 시사), 교양 및 상식, 오락 등 세 가지로 나누고 있으며, 종합편성 프로그램 이외에도 전문편성 프로그램도 허용하고 있다. 또한 NDR를 위한 방송국가협약에 서명한 4개 주의 각기 다른 문화적 언어적(지방 사투리 및 소수민족어) 특징을 충분히 전달해야 한다고 명시하고 있다.

않았다. 기본적으로 FCC는 방송프로그램에 대한 의무 편성비율을 만드는 것은 수정헌법 제1조에 위반된다고 판단하고 있다. 즉 방송사업자들에게 특정의 프로그램을 공급하라고 강제하는 것은 방송사의 편성의 자유를 침해한다고 보는 것이다. 그러나 이러한 FCC의 방송프로그램에 대한 불간섭 규칙(hands off rule)의 예외는 어린이 프로그램(children's programming)이다. 1990년 의회는 어린이 방송법(Children's Television Act of 1990)을 제정했다. 어린이 방송법은 어린이 방송 시간의 광고량 제한과 어린이용 프로그램 규정을 방송의 재허가 사항으로 연계하고 있다. 1991년 명령서(Report and Order)에서 위원회는 어린이 방송법에 정한 어린이 교육용 프로그램을 준수할 것을 명령했지만, 구체적으로 교육용 방송 프로그램이 무엇인지에 대해서는 명시하지 않았다. 만약 이를 구체화시켰을 경우에는 표현의 자유로 보호받고 있는 방송사의 편성권을 침해할 것이라는 판단 때문이다.

1996년에 위원회는 이러한 논란을 차단하기 위해서 기존의 지침서를 개정했는데, 이 지침서에는 국민들이 교육용 프로그램임을 인지할 수 있도록 몇 가지 척도를 개발했다. 교육용 프로그램이라는 용어 대신에 핵심 방송(core program)이라는 용어를 사용하였으며, 당시 지침서에서는 방송 사업자들이 핵심 방송 프로그램을 방송할 시에 해당 프로그램이 핵심 방송임을 식별할 수 있는 일종의 코드를 명시해 줄 것을 의무화했다. 또한 소비자 단체나 개인 등이 핵심 프로그램에 대한 정보를 요청할 시 이를 제공해 줄 것 등을 의무화했다.51) 또한 1991년 지

---

51) 코어 프로그램은 반드시 정규편성 방송을 해야 하고 오전 7시부터 오후 10시 시간대 중에서 매주 최소 30분의 방송을 해야 하며 대상연령층을 기존의 13세에서 16세 이하로 확대하여 청소년까지도 혜택을 볼 수 있도록 하였다.

침서의 내용을 이어받아 방송사는 재허가 신청시 위원회에 어린이 방송법에 의거해 관련 방송 프로그램을 방영했다는 승인을 받아야 하는데, 이를 위해서는 주당 최소 3시간은 어린이를 위한 교육 정보 프로그램(children's educational programming)을 편성해야 한다. 만약 이를 준수하지 못했을 경우에는 준수하지 못했던 이유 등을 밝혀 기존 규정을 지키기 위해 최선을 다했다는 것을 증명하도록 명시했다. 만약 방송 사업자가 이 규정을 만족시키지 못할 경우 재허가 신청서는 위원회로 넘겨져 실사를 받게 된다.

마. 일 본

일본 방송법은 제3조에서 방송프로그램 편성의 자유를 규정하고 있으며, 방송장르에 관해서는 제3조 제2항에서 "교양프로그램 혹은 교육프로그램, 보도프로그램, 오락프로그램을 설치하여 방송프로그램의 상호간의 조화를 유지하지 않으면 안 된다"고 규정하고 있다. 그러나 방송법규에는 이러한 4개 장르별 방송량에 대한 규정은 존재하지 않는다. 일본은 방송프로그램의 편성비율에 관한 규제는 별도로 하지 않고 있다.

2.2) 내용 규제

가. 영 국

영국은 2003년 커뮤니케이션법[52]은 OFCOM의 TV와 라디오 서

---

52) 2003년 커뮤니케이션법 제정 이전의 방송프로그램에 대한 내용심의는 상업 TV방송은 ITC (Independent Television Commission)가, 상업 라디오방송은 RA(Radio Authority)가, 방송심의내용 중 취향(taste) 품위(decency) 공정성(fairness) 및 프라이버시(privacy)에 관한 것은 BSC (Broadcasting Standards Commision)가 담당하였다.

비스의 프로그램 내용의 기준의 제·개정과 수시 검토 의무에 대해서
규정하고 있다.53) 방송심의규정은 유럽연합집행위원회의 지침(EC Directive
89/552/EEC) 및 그 개정 지침(EC Directive 97/36/EC)을 반영하고 있으
며, 1998년 인권법(Human Rights Act 1998)과 유럽인권협약(European
Convention on Human Rights)의 이념을 반영하고 있다. 2003년 커뮤니
케이션법은 또한 OFCOM이 방송프로그램 내용의 기준을 제·개정함에
있어 고려해야 할 6가지 사항에 대해 규정하고 있다.54) OFCOM은 심
의규정의 해석과 관련하여 일반적인 가이드를 제공하기도 하는데, 여기
서 제시된 가이드라인은 사후 OFCOM이 문제가 되는 사안을 해석할
때 영향을 미치지 않으며, OFCOM이 규제기관으로 책임을 이행하는
데 영향을 미치지 않는다. 따라서 방송사업자는 스스로의 책임 아래 법
적 조언을 구하여야 하며, OFCOM은 가이드를 제공함으로 인하여 발
생한 손해에 대해서 책임을 지지 않는다. 또한, OFCOM은 심의규정 위
반에 대해서 그 위반 내용을 공개하고 그 이유를 설명하는데, 방송사업
자가 반복적, 또는 고의로, 또는 심각하게 심의규정을 위반하였을 경우
에는 OFCOM이 법령상 제재를 가할 수 있다. 방송심의의 결과는 방송

---

53) Communication Act 2003, 319(1).
54) (a) 프로그램에 전반적으로 또는 특정 장면에 있는 특정의 것이 포함됨으로 인하여
야기될 해악과 공격의 정도, (b) 텔레비전과 라디오 서비스에 일반적으로 또는 특
정한 장면의 텔레비전과 라디오 서비스에 포함된 프로그램에 대한 잠재적 시청자
의 크기와 구성, (c) 시청자가 프로그램의 내용의 성격에 대하여 가지는 기대 가능
성 및 프로그램 내용이 잠재적 시청자의 수에 가져올 관심의 정도, (d) 프로그램의
내용을 알지 못하는 사람들이 우연히 프로그램에 노출되었을 때 보이는 행동 가능
성, (e) 시청 또는 청취되는 서비스의 성질에 영향을 주는 변화. 특히 방송 프로그
램 기준의 적용과 관련된 변화가 있을 때 서비스의 콘텐츠가 이를 알려주는 제도
가 바람직함, (f) 프로그램 콘텐츠에 대한 편집의 독립성을 유지하는 것이 바람직함
(Communication Act 2003, 319(4)).

면허의 경신에 활용되기도 한다. 1990년 방송법에 의거하여, 방송사업자가 심의기준을 위반할 경우 채널 허가를 취소할 수도 있다.

나. 프랑스

프랑스는 우리나라 법체제와 달리 방송심의규정을 별도로 마련하고 있지 않으며 방송사가 준수하여야 할 사항을 여러 법령이나 지침에서 분산하여 규정하고 있다. 커뮤니케이션 자유법, 방송에 관한 법규명령, 방송규제기관인 CSA에서 정하는 규칙, 방송사의 내부지침(국영방송사의 경우), 허가협정(민영방송의 경우) 등에 방송사의 준수사항이 규정되어 있다. 방송의 책임에 관한 원칙적 사항은 방송에 관한 기본적인 법률인 1986년 커뮤니케이션 자유법이 규정하고 있다. 동법 제1조 제1항은 '전자적 방법에 의한 공중에의 커뮤니케이션은 자유이다'라고 선언하고 있으나, 동조 제2항은 '이 자유의 행사는 한편으로 인간의 존엄성, 타인의 자유와 재산권의 존중에 필요한 한도 내에서, 다른 한편으로는 사상·의견의 사조에 관한 표현에 있어서 다양성의 보장, 아동과 청소년의 보호, 공공질서의 유지, 국방의 필요성, 공공역무의 요구, 시청각 서비스에 있어서 시청각 산물을 발전시킬 필요성과 더불어 커뮤니케이션 수단에 내재하는 기술적 제약에 따라 필요한 경우에만 제한될 수 있다'고 규정하여 한편으로는 커뮤니케이션의 자유를 제한하고 있다. 이러한 입법은 커뮤니케이션의 자유를 최대한으로 보장하기 위한 목적에서 제한사유를 열거적으로 규정하고 있으며 이러한 제한은 곧 방송의 책임을 의미한다.

프랑스는 인간의 존엄성의 보장, 표현의 다양성 보장, 아동·청소년의 보호 등에 관한 방송내용의 책임을 중요하게 여기고 있다. 방송심

의는 방송규제기관인 CSA가 사후적으로 심의하며, 국영방송사의 내부
지침을 제정함에 있어서 CSA로 하여금 의견을 제시하도록 하고 있다
(커뮤니케이션 자유법 제48조 제3항 전문). CSA는 이러한 의견제시를 통해
국영방송에 관여하게 된다. 또한, 민영방송사에 대해서는 CSA가 허가
를 하면서 방송사와 협정을 체결하게 되는데 이 허가협정에서 민영방
송사의 책임사항들을 규정한다. CSA는 방송내용에 대한 강한 규제 권
한을 가지고 있으면서 민영방송의 허가에 관한 권한도 함께 가지고 있
어서 방송내용에 대해 더욱 실효적 규제를 수행할 수 있다. 프랑스 커
뮤니케이션 자유법은 평의회가 방송사가 행한 위반의 중대성 정도에
따라 ① 1개월 이상의 방송업무 또는 프로그램 일부의 방송의 정지를
명하는 조치, ② 허가 또는 협정기간을 1년 이하의 기간 내에서 단축시
키는 조치, ③ 방송업무 또는 프로그램 일부의 방송의 정지와 병과할
수 있는 금전적 제재조치, ④ 허가의 철회 또는 협정의 해지라는 제재
를 가할 수 있도록 규정하고 있다(커뮤니케이션 자유법 제42-1조). 이러한
제재는 한 번의 위반사안에 대해 바로 내려지는 것이 아니라 이전에 시
정을 위한 계고를 한 후에 문제된 방송물의 시청 등을 통한 사실 확인,
평의회의 의견제시, 제재대상 방송사의 의견제시 등의 제재절차를 거쳐
내려지게 된다.

다. 독 일

독일은 공영방송과 민영방송에 대한 이원적 방송 규제모델을 채택
하고 있어 공·민영방송에 대한 방송프로그램의 심의는 각기 다른 기관에
서 이루어진다. 공영방송에 대한 심의는 "독일공영방송국협의체"(ARD)[55]

---

55) ARD(Arbeitgemeinschaft der öffentlich-rechtlichen Rundfunkanstalten der

의 방송평의회와 독일 제2공영방송(ZDF)의 TV평의회에서 담당하고 있다. 독일 제1공영방송 ARD나 제2공영방송 ZDF의 경우 방송평의회는 구성원이 사회의 각 이해집단의 대표를 파견하는 형식으로 구성되고 있으나 조직적 측면에서는 각 공영방송국의 내부기관이다. 공영방송의 방송프로그램 편성에 대하여 방송평의회는 광범위한 영향력을 행사한다. 왜냐하면 방송평의회는 공영방송사에 대한 사후심의뿐만 아니라 사전심의를 할 수 있는 권한을 보유하고 있기 때문이다. 이러한 권한은 때로는 공영방송의 방송프로그램의 제작을 위축시키기도 한다. 특히 방송프로그램이 인간의 존엄성을 해치거나 폭력·선정적인 내용을 다룰 경우에는 방송평의회가 직접 개입하여 편성책임자인 공영방송의 사장에게 직접 책임을 묻는다. 그러나 방송평의회는 공영방송의 내부기관으로 독립적이지 못한 조직적 한계와 이로 인한 소극적인 방송심의를 할 수밖에 없다는 이유로 종종 비판을 받고 있다. 민영방송은 각 주의 미디어법을 근거로 설치되어 있는 독립적 외부기관인 주 미디어청의 미디어 평의회가 방송프로그램의 심의를 담당한다. 미디어 평의회의 민영방송에 대한 방송프로그램 심의권한은 사후심의에 한정되어 있으며 사

Bundesrepublik Deutschland); 구 서독의 방송국 분포는 1개 주에 1방송국의 형태를 유지하고 있으나 지역의 특성에 따라 2개의 방송국이나 3개의 방송국이 위치한 곳도 있다. 이들 각 주의 방송공사들은 주 방송법과 방송위원회가 결정한 정관들에 의해 운영되므로 불필요한 프로그램 경쟁이나 운영 재원의 낭비 등이 발생할 가능성이 높다. 이러한 문제점을 보완하고 서로의 공동 임무를 추구하기 위해 1950년에 설립된 것이 ARD이다. ARD의 주요 임무는 ① 수신료의 징수와 배분에 관한 사항 토의, ② 제1프로그램 조정, ③ ARD 공동 프로그램 제작 협의, ④ 제3 TV프로그램 공동 제작 운영 협의, ⑤ 상설전문위원회 운영(1972년 발족, 법률·기술·재무·라디오 제3 TV프로그램 위원회 등으로 전문화되어 당면 문제를 결정한다), ⑥ 방송의 공동 이익 사항 수행을 위한 시설이나 제도운영 등이다. 현재 ARD에 가입된 방송국은 ZDF를 제외한 9개 주의 방송공사들(RB, WDR, SR, NDR, SWF, SFB, HR, BR, SDR)과 연방정부 관할의 DW, DLF 그리고 베를린에 위치한 RIAS 등 12개사이다.

전심의는 할 수 없다.56)

독일의 방송심의에 관한 규정은 방송국가협약과 이를 구체화한 공영방송사의 방송지침과 민영방송을 규율하고 있는 주 방송법에 근거를 두고 있다. 최근 독일은 방송과 통신의 융합현상 등의 방송환경의 변화를 반영하고 이원적 방송체제의 비효율성을 극복하기 위하여 청소년미디어보호국가협약(2003년)을 제정하고,57) 청소년보호와 인간존엄성 보호에 관한 사항에 대해서는 공영방송과 민영방송을 모두 포괄하여 심의하고 있다. 독일의 공·민영방송에 대한 방송프로그램 심의기관의 강력한 권한에도 불구하고 심의위원의 전문성 부족 등의 문제로 인하여 권한행사가 제대로 이루어지지 않고 있는 현실에서 동 협약은 청소년보호를 위한 일반적 지침으로 기능하고 있다. 공영방송의 경우 방송심의에 대한 내적 다원주의 원칙에 따라 사전적 또는 사후적 통제가 이루어지고 있다. 반면, 민영방송의 경우 2단계 규제수단이 존재한다. 제1단계는 법위반을 해소하고 이를 제거하는 조치 및 금지에 관한 규정이고, 제2단계는 방송사가 지정된 기간 내에 조치를 취할 것을 요구한다. 적절한 기간 내에 아무런 조치가 취해지지 않는 경우에 방송사에 대해 국가의 법집행감독이 행해진다.

라. 미 국

미국은 다른 매체와 달리 방송에 대해서는 주파수 희소성 원칙과

---

56) Ricker, Reinhart/Peter Schwiy, Rundfunkverfassungsrecht, München 1997, S. 176f. u. 185; Schreier, Torsten, Das Selbstverwaltungsrecht der Öffentlich-rechtlichen Rundfunkanstalten, Frankfurt a.M./Berlin /Bern/Bruxelles/New York/Oxford/Wien 2001, S. 63ff. 참조.

57) Staatsvertrag über den Schutz der Menschenwürde und den Jugendschutz in Rundfunk und Telemedien (GVBl. Nr. 31/2002, S. 706) zuletzt geändert durch den neunten Rundfunkänderungsstaatsvertrag.

방송의 공공재적 성격을 기반으로 한 공공성 원칙을 천명하고 있는데
이는 수정헌법 제1조(First Amendment Rights)에서 규정하고 있는 표현
의 자유를 다른 관점에서 해석하도록 근거를 제공하고 있다. 이러한 방
송 철학의 바탕을 근간으로 하여 미국의 초기 방송정책은 강력한 규제
정책을 추진하였다. 미국 연방대법원은 Red Lion v. FCC 판결을 통해
공익적 기능을 수행할 수 있는 사업자에게만 방송면허를 허용한 FCC
의 공공성원칙에 따른 방송사업자에 대한 인허가권 행사를 지지하였다.
그러나 미국의 방송정책은 1980년대 이후 탈규제 정책으로 전환하였
으며 1996년 텔레커뮤니케이션법 개정을 통해 방송 전반에 대한 규제
완화를 추진하였다. 그러나 미국의 방송에 대한 규제완화 정책에도 불
구하고 '방송 프로그램 연령등급제' 실시 등 방송을 통한 어린이와 청
소년 시청자들을 보호하기 위한 규제는 오히려 강화되었다.58) 이와 더
불어 최근에 강화된 심의형태는 시청자들의 참여적 심의인데, 1996년
텔레커뮤니케이션법이 통과된 이후 가장 큰 변화이며 시청자 개인, 단
체, 이익단체 중심의 방송 프로그램 심의가 꾸준히 증가되고 있다. 사
회적으로 심각한 문제가 되는 방송프로그램 송출의 경우에는 각종 사
회단체에서 문제를 제기하고 이러한 문제제기는 재허가 평가에 막대한

---

58) Denver Area Education Telecommunications Consortium v. FCC, 518 U.S. 727
(1996) 사건에서 연방대법원은 Cable Television Consumer Protection and
Competition Act of 1992 중 정부가 청소년들이 음란물(indecent)에 노출되지 않
게 금지할 수 있도록 한 규정을 합헌으로 판결하였으나, 케이블TV가 공공, 교육용,
정부채널에 대한 음란물을 내보낼 경우, 정부가 이를 금지시킬 수 있다는 규정은
케이블TV도 지상파방송과 같이 정부의 검열이 허용되지 않는다 하여 위헌으로 판
결하였다; 미국연방대법원은 방송뿐만 아니라 인터넷의 경우에도 표현의 자유가
방송보다 덜 보호되어져서는 안 된다고 하면서 인터넷도 신문 등 인쇄매체와 같이
연방 수정헌법 제1조에 의해 보호되며, 미성년자의 규제에 있어서 성인의 권리가
부당하게 침해되어서는 안 되고 심사기준은 엄격심사기준을 적용해야 한다고 판결
하였다(Reno v. America Civil Liberties Union, 521 U.S. 844 (1997)).

영향을 줄 수 있기 때문에 방송사업자의 방송의 공익성 유지를 위한 노력이 필요하다. 예컨대 방송사업자의 구체적 위법행위는 시청자 단체의 고발과 재허가 거부 청원 등의 방법과 방송사의 자율심의 등을 통해 규제가 이루어지고 있기 때문에 미국의 방송 내용규제는 방송허가권 및 재허가권을 통해 행해지고 있다고 말할 수 있다. 즉 FCC가 방송프로그램의 내용등급제 등의 규제들을 종합적으로 검토한 후 벌금, 재허가 금지 등의 규제수단을 통해 방송내용에 대한 규제가 이루어지고 있다.

마. 일 본

일본은 방송심의와 관련해서 방송법 제3조와 제3조의 2에서 규정하고 있다. 물론 방송법 제1조가 방송의 자유를 천명하고는 있지만, 프로그램 내용규제에 관하여는 '방송 프로그램은 법률에 정하는 권한에 의거하지 않는 한 누구에게도 간섭받거나 규제받지 않는다'고 규정하고 있는 제3조와 방송의 프로그램이 견지해야 할 태도를 규정하고 있는 제3조의 2가 기본규정이라고 할 수 있다. 방송법 제3조의 2는 방송프로그램이 '공안 및 선량한 풍속을 해치지 않을 것'과 '정치적으로 공평할 것', '진실보도를 할 것', '의견이 대립하는 문제에 대해서는 가능한 한 다각도의 논점을 밝힐 것'을 요구하고 있다. 그러나 방송법이 이렇게 요구하고 있는 방송의 공정성에 대해 방송사가 사안별로 판단할 뿐 이와 관련된 규제 기구는 현실적으로 존재하지 않는다.[59]

---

59) 프로그램의 전체 편집에 관해서는 방송사업자가 교양프로그램, 보도프로그램, 오락프로그램 등을 마련해서 방송프로그램 사이의 조화를 꾀하도록 하고 있고(제3조의 2 제2항), 방송 프로그램의 기준을 제정할 것(제3조의 3)과 방송 프로그램을 심의할 기관을 설치할 것(제3조의 4)을 명문으로 규정하고 있다. 그것은 방송에 의한 표현의 자유가 가능한 한 많은 사람들에 의해 향유되어야 한다는 뜻을 표현하는 것이며, 동시에 언론에 대한 국가권력의 개입을 최대한 억제하기 위한 것으로 해석된다.

　동법 제3조 제3항과 제4항은 방송사가 프로그램 편집기준을 제정, 운용하고 '프로그램 심의회'를 설치할 것을 의무화하고 있다. 이에 따라 공영 및 상업방송 사업자는 프로그램 기준 및 편집에 관한 기본계획을 정해 이를 토대로 프로그램이 적절한지 프로그램 심의기관에 자문하도록 하고 있다. 일반방송사업자 역시 방송법 제51조의 규정에 따라 위원 7인 이상으로 구성된 방송 프로그램 심의기관에 의해 방송 프로그램에 대한 자율적 규제를 하고 있다. 또한 NHK와 민영방송사는 각각 자율적으로 '국내프로그램기준'과 '국제프로그램기준' 등 방송 프로그램에 대한 규칙을 제정해 놓고 있으며, 민영방송사들은 합동으로 '일본 민간방송연맹 방송기준'이라는 편성지침도 마련해 놓고 있다.

바. 우리나라의 경우

가) 편성 규제

　방송의 자유는 방송프로그램을 통해 자유롭고 포괄적인 의사형성을 하는 자유를 의미하는 것으로 이러한 의사형성의 자유가 보장되기 위해서는 프로그램 편성에 있어서 주관적인 표현의 자유도 존중되어야 하나 다른 사회 구성원의 이익이나 사회의 객관적인 가치가 모두 존중되어야 한다. 그리하여 방송에 대하여 전반적으로 요구되고 있는 공공성이란 대다수 국민의 이익에 합치되는 보편적이고도 다양한 프로그램이 특정한 문화나 이념, 혹은 종교에 치우침 없이 편성되어야 하며, 계층과 연령층, 혹은 거주지역 등에 상관없이 국민이면 누구나 보편적인 방송프로그램을 시청할 수 있도록 하는 것을 의미한다. 이와 같은 논리에 따라 방송법도 방송사업자가 방송프로그램을 편성함에 있어서 공정성과 공공성, 다양성, 균형성, 사실성 등의 기준에 적합하도록 하여야 하며, 종합편성을 행하는 방송사업자는 정치·경제·사회·문화 등 각 분야의 사항이 균형 있게 적정한 비율로 표현될 수 있도록 하여야 한다고 규정하고 있다(방송법 제69조 제1항 내지 제2항).60)

　현행 방송법은 편성과 관련하여 다음과 같이 규정하고 있다. 법 제4조(편성의 자유와 독립)는 방송편성의 자유와 독립보장, 법률에 의하지 않은 규제나 간섭 배제, 방송편성책임자 매일 1회 이상 공표 및 편성자율성 보장, 종합편성 및 보도에 관한 전문편성을 하는 사업자의 방송편성규약 제정 및 공표 등을 규정하고 있다. 또한 법 제69조는 방송사업자의 방송프로그램 편성은 공정성·공공성·다양성·균형성·사실성 등에 적합해야 하고, 종합편성 방송사업자는 정치·경제·사회·문화 등 각 분야의 사항을 균형 있게 표현해야 하며, 보도·교양·오락 프로그램을 대통령령의 기준에 따라 조화를 이루도록 편성하고,61) 전문편성 방송사업자는 주된 방송 분야가 대통령령의 기준에 따라 편성하도록 되어 있다. 또한 KBS, EBS, MBC를 제외한 지상파방송사는 다른 방송사업자의 제작물을 대통령령이 정한 비율 이상 편성해서는 안 되며, KBS는 시청자가 제작한 시청자 참여프로그램을 방송하도록 규정하고 있다.

　편성규제와 관련하여 헌법적으로 문제가 되는 것은 입법을 통해 편성의 범위를 제한할 수 있는지의 여부이다. 현행 방송법은 방송사업자에 대해 방송프로그램을 편성할 수 있는 범위를 정하고 있다. 즉, 지상파방송사업자의 경우는 허가 받은 범위 내에서 PP의 경우에는 승인

---

60) 정재황/이윤호, 전게논문, 101면 참조.
61) 방송표현에서 가장 자유가 보장되어야 할 진수인 방송사의 편성행위를 대통령령으로 행정부가 자의적 3분화하고, 시행령에서 정의 및 비율을 할당하여 고시규제하고 있다는 것은 위헌의 소지가 있다는 지적으로는 박선영, "방송개혁위원회의 방송법안에 대한 헌법학적 고찰", 「헌법학연구」, 제5권 제2호, 326-333면 참조.

이나 등록한 방송 분야의 범위 내에서 편성을 해야 하는 것이다. 방송
법은 방송사업자가 편성할 수 있는 방송분야를 종합편성 채널과 전문
편성 채널로 구분하고 있다.62) 그런데 최근 전문편성채널을 운영하는
방송사업자가 보도프로그램을 편성하는 경우에 이를 제재하도록 방송
법이 개정되었다(방송법 제69조 제4항 내지 제5항, 제108조 제1항 제4호, 동
법시행령 제50조 제5항).63)

이에 대해 법개정 논의과정에서 방송프로그램의 편성제한 규정을
두는 것이 헌법상 방송의 자유를 제한한다는 문제 제기가 있었다. 일반
전문편성채널 방송사업자에 대하여 "보도프로그램의 편성제한이 가능
하다는 입장"64)은 방송법이 "종합편성(보도)채널"65)의 진입을 등록채
널과 달리 허가나 승인제로 보다 강력하게 규율하고 있는 것은 방송의
특수성에 따라 여론을 다루는 사업자에 대한 특별한 검증을 하기 위한
의도가 있는바, 이러한 사정을 간과하고 전문편성채널에 보도 프로그램

---

62) 현행 방송법 제2조는 방송편성을 "방송되는 사항의 종류·내용·분량·시각·배열을
   정하는 것"(제15호), 방송분야를 "보도·교양·오락 등으로 방송프로그램의 영역을
   분류한 것"(제16호)으로, 방송프로그램을 "방송편성의 단위가 되는 방송내용물"(제
   17호)로, 종합편성을 "보도·교양·오락 등 다양한 방송분야 상호간에 조화를 이루도
   록 방송프로그램을 편성하는 것"(제18호)으로, 전문편성을 "특정 방송분야의 방송
   프로그램을 전문적으로 편성하는 것"으로 각각 규정하고 있으며 방송사업 허가(승
   인)나 등록시에 종합편성채널(보도 포함)과 전문편성채널로 구분하여 허가 등의 처
   분을 하고 있다. 이로 인해 전문편성방송분야로 허가(승인)나 등록한 방송사업자에
   대해서 보도프로그램 편성을 금지하고 있는 것이다.
63) 법률 제8060호, 2006. 10. 27 개정
64) 주로 YTN, MBN 등의 보도채널 운영자들의 입장이다.
65) 종합편성(보도)채널을 하기 위해서는 지상파방송사업자의 경우 방송법 제9조 제1
   항에 의하여 허가를 받아야 하고, 방송채널사용사업의 경우 방송법 제9조 제5항
   단서 규정에 의한 승인을 받아야 한다. 이와는 달리 지상파방송을 제외한 전문편성
   채널의 경우에는 방송법 제9조 제5항의 규정에 의해 등록을 하면 방송사업을 할
   수 있다.

을 편성할 수 있도록 허용하는 것은 문제가 있다는 것이다. 만약, 전문
편성채널이 방송법상 부수적 편성 허용범위인 20% 이내에서 보도프로
그램을 편성한다면 종합편성을 행하는 방송사업자에 해당되므로 방송
법에 '종합편성' 또는 '보도' 전문 채널을 다른 채널과 달리 승인제로
구별하여 규율하고 있는 실익이 없다고 주장한다. 한편, "반대의 입
장"66)에서는 전문편성채널도 헌법상 보장된 언론의 자유의 향유 주체
로서 방송법에서 보도프로그램 편성을 금지하는 것은 위헌적 요소가
있으며, 다채널·다매체 시대에 있어서 방송주파수 유한성에 기인한 방
송의 규제논거가 점진적으로 감소하는 추세에 있다. 이러한 상황에서
전문편성채널의 보도 프로그램 편성을 금지한다면, 승인을 받은 특정
방송사에 여론 독점력 및 장악력을 집중시켜 주는 결과가 초래되어 여
론형성에 있어 사회적 다양성 확보가 어려워지는 것이라고 주장한다.

생각건대 방송법이 보도전문 채널의 승인에 관하여 승인권자인 방
송통신위원회에 방송의 사회적인 영향력, 여론시장의 적정규모 등에 대
한 타당성 및 적정성 등을 종합적으로 판단하고, 합리적이고 적법한 재
량권을 행사하여 사업자를 승인할 수 있는 권한(사업 승인의 결정 및 선택
재량권)을 부여하고 있음에도 전문편성 채널 방송사업자가 아무런 제약
없이 보도프로그램을 편성한다면 방송법상 종합편성 내지 보도전문 채
널의 '허가제' 또는 '승인제'라는 입법취지를 무색하게 할 수 있다. 전
문편성사업자에 대한 보도프로그램 편성 제한은 헌법상 기본권 제한의
일반적 법률유보로 가능한 것이며 방송의 자유 실현은 허가나 승인을
받은 종합편성(보도)채널 사업자의 규제를 통하여 가능하므로 기본권의

---

66) 일부 등록 방송채널사용사업자들의 입장이다.

본질적 침해라고 보기 어렵다고 생각된다.

채널에 대한 규제는 법 제70조(채널의 구성과 운용)에서 규정하고 있다. 이동멀티미디어방송을 행하는 지상파방송사업자·SO·위성방송사업자는 다양성이 구현되도록 채널을 구성·운용해야 하고, 일정 범위를 초과해 방송채널을 직접 사용하거나, 특수관계자 또는 특정 PP에게 채널을 임대해서는 안 된다고 명시하고 있다. 또한 SO·위성방송사업자(위성멀티미디어방송을 행하는 위성방송사업자 제외)는 공공채널 및 종교채널을 두어야 하고, SO는 지역채널을 운용해야 한다.

중계유선방송사업자의 경우 공지채널(보도, 논평, 광고사항 금지)을 운영할 수 있으며, 운용가능 채널은 대통령령으로 제한된다. 아울러 SO·위성방송사업자는 시청자가 자체 제작한 방송프로그램의 방송을 요청하는 경우 특별한 사유가 없는 한 지역채널 또는 공공채널을 통해 방송해야 한다.

법 제78조(재송신)의 재송신에 관한 규정을 살펴보면, 먼저 SO·위성방송사업자(이동멀티미디어방송을 행하는 위성방송사업자 제외)·중계유선방송사업자에 대해 KBS, EBS의 지상파방송(라디오방송 제외) 동시재송신 의무를 부여하고 있다. 또한, 지상파방송사업자가 수개의 지상파방송 채널을 운용하는 경우 동시 재송신해야 하는 지상파방송 채널은 방송통신위원회가 지정·고시하는 1개 채널로 제한되며, SO·중계유선방송사업자가 당해 방송구역 외의 지상파방송 채널을 동시 재송신하거나, 위성방송사업자가 동시 재송신해야 하는 지상파방송 외의 지상파방송을 재송신하고자 할 때는 방송통신위원회의 승인을 받도록 되어 있다. 이 밖에 SO·위성방송사업자가 외국 방송사업자의 방송을 수신하여 재송신할 경우 방송통신위원회의 승인을 얻도록 규정하고 있다.

나) 내용규제

우리 헌법상 언론에 대한 검열은 인정되지 않는다. 따라서 방송에 대하여 요구되는 공익성이 아무리 크다고 하더라도 방송내용을 검열할 수는 없다. 하지만 현행 헌법 제21조 제2항이 금지하고 있는 검열은 사전검열로서 헌법재판소 판례에 따르면 "행정권이 주체가 되어 사상이나 의견 등이 발표되기 이전에 예방적 조치로서 그 내용을 심사, 선별하여 발표를 사전에 억제하는, 즉, 허가받지 아니한 것의 발표를 금지하는 제도"[67]이다. 따라서 방송법상의 사후적인 내용심의는 검열이라고 할 수 없다. 방송의 공공성 구현을 위해 편성을 규제하는 것과 마찬가지로 사후심의는 방송내용을 사전적으로 억제하려는 것이 아니라, 방송이 미치는 사회적 영향력을 고려해, 방송법 제32조에서 규정하고 있듯이 방송내용이 공적 책임을 준수하는가를 심의하도록 허용하는 것이기 때문이다.[68] 헌법재판소도 "언론·출판의 영역에서 국가는 단순히 어떤 표현이 가치가 없거나 유해하다는 주장만으로 그 표현에 대한 규제를 정당화시킬 수 없다. 그 표현의 해악을 시정하는 일차적 기능은 시민사회 내부에 존재하는 사상의 경쟁메커니즘에 맡겨져 있기 때문이다. 그러나 대립되는 다양한 의견과 사상의 경쟁메커니즘에 의하더라도 그 표현의 해악이 처음부터 해소될 수 없는 성질의 것이거나 또는 다른 사상이나 표현을 기다려 해소되기에는 너무나 심대한 해악을 지닌 표현은 언론·출판의 자유에 의한 보장을 받을 수 없고 국가에 의한 내용

---

67) 헌법재판소, 1996.10.4. 선고, 93 헌가13결정; 1996.10.31. 선고, 94헌가6 결정, 헌재판례집 8-2, 390면.
68) 정재황/이윤호, 전게논문, 101면.

규제가 광범위하게 허용된다"[69]고 판시하고 있다.

방송내용 심의와 관련하여 청소년보호를 위한 사전등급심사가 헌법 제21조 제2항에서 금지하고 있는 검열에 해당하는지의 여부가 문제가 된다. 이와 관련하여 헌법재판소는 구영화법상의 공연윤리위원회의 사전심의제도가 검열에 해당하는지의 여부에 대해 판단하면서 "심의기관에서 허가절차를 통하여 영화의 상영 여부를 종국적으로 결정할 수 있도록 하는 것은 검열에 해당하나, 예컨대 영화의 상영으로 인한 실정법 위반의 가능성을 사전에 막고, 청소년 등에 대한 상영이 부적절한 경우 이를 유통단계에서 효과적으로 관리할 수 있도록 미리 등급을 심사하는 것은 사전검열이 아니다"[70]라고 판시하고 있다.

방송법 제5조는 인간의 존엄과 가치 및 민주적 기본질서 존중, 국민의 화합, 국가발전, 민주적 여론형성, 지역간·세대간·계층간·성별간 갈등조장 금지, 타인의 명예나 권리침해 금지, 범죄나 부도덕한 행위, 사행심 조장금지, 음란·퇴폐·폭력조장 금지 등을 명시하고 있다. 또한 동법 제6조에서는 방송보도의 공정성과 객관성, 성별·연령·직업·종교·신념·계층·지역·인종 등을 이유로 방송편성에서 차별하는 것을 금지하고 있고 국민의 윤리적·정서적 감정존중, 국민의 기본권 및 국제친선 존중, 알권리와 표현의 자유 보호신장, 소수집단이나 소외계층의 이익 반영, 지역사회·민족문화 창달, 사회교육·생활정보확산·문화생활발전에 기여, 표준말보급·언어순화, 특정 집단이나 정부정책 공표시 다른 집단에 균등기회 제공 및 편성에서 정치적 이해 당사자 사이의 균형성

69) 헌법재판소 1998.4.20. 선고, 95헌가16 결정, 헌재판례집 10-1, 327면 이하.
70) 헌법재판소 1996.10.4. 선고, 93헌가13 결정, 91헌바10(병합) 결정, 헌재판례집 8-2, 225면; 헌법재판소 2001.8.30. 선고 2000헌가9 결정, 헌재판례집 13-2, 148면.

유지 등 방송이 공익성을 위해 준수해야 할 의무를 명시하고 있다.

　이러한 방송의 공적책임 및 방송의 공정성과 공익성은 방송콘텐츠가 지향해야 할 지표가 되는 동시에 규제근거가 된다. 동법 제31조는 방송통신위원회가 방송평가위원회를 구성하여 방송사업자의 방송프로그램 내용, 편성, 운영 등을 종합적으로 평가할 수 있다고 규정하고 있다. 또한 동법 제32조는 방송통신심의위원회는 방송·중계유선방송 및 전광판방송의 내용과 기타 전기통신회선을 통하여 공개를 목적으로 유통되는 정보 중 방송과 유사한 것으로서 대통령령이 정하는 정보의 내용이 공정성과 공공성을 유지하고 있는지의 여부와 공적 책임을 준수하고 있는지의 여부를 방송 또는 유통된 후 심의·의결하며 이 경우 매체별·채널별 특성을 고려하여야 한다고 규정하고 있으며(제1항). 또한 방송통신심의위원회는 대통령령이 정하는 방송광고에 대하여는 방송되기 전에 그 내용을 심의하여 방송 여부를 심의·의결할 수 있다고 규정하고 있다(제2항). 동법 제33조는 방송통신심의위원회는 방송의 공정성 및 공공성을 심의하기 위하여 심의규정을 제정·공표하여야 하며(제1항), 방송심의에 관한 규정에는 방송의 공적책임, 공정성, 객관성, 권리침해 금지, 소재 및 표현기법, 어린이·청소년 보호, 간접광고, 방송언어, 기타 항목으로 구성되어 있다(제2항 각호). 또한 동조는 아동과 청소년 보호를 위해 방송프로그램의 폭력성 및 음란성 등 유해 정도, 시청자 연령 등을 감안한 방송프로그램 등급을 분류하고 이를 방송중에 표시하도록 하고 있다. 방송법 제86조는 방송사업자들이 자체적으로 방송프로그램을 심의할 수 있는 기구를 두고 방송프로그램(보도에 관한 방송프로그램 제외)이 방송되기 전에 이를 심의해야 하며, 종합편성 또는 보도전문편성을 하는 방송사업자는 시청자위원회를 두어야 한다고 명시하고 있다. 방송사업자들의 이러한 심의는 자체적으로 이루어지는 것이므로 사전검열이 아니다.

VII. 규제의 방향

1. 다양한 매체규제모델 적용을 통한 규제방향의 모색

방송과 같은 언론매체를 통해 향유할 수 있는 개인의 기본권은 다른 기본권에 비하여 우월적인 지위에서 보다 폭넓은 보장이 이루어져야 하기 때문에 언론에 대한 규제제도의 마련은 매우 신중한 접근이 필요하게 된다. 이러한 언론을 바라보는 사회 전반의 보편적 시각은 언론의 자유를 최대한 보장하기 위한 다양한 언론매체 규제 모델에 관한 논의를 촉발하고 있다. 즉, 언론매체의 규제모델이 헌법을 근거로 한 학설과 법원의 판례 등을 통해 다양하게 제시되거나 다루어지고 있다는 것은 언론매체에 대한 규제의 중요성을 입증하고 있는 것으로 판단할 수 있다. 언론을 규제하기 위하여 제시된 다양한 규제모델들이 방송시장에 대한 규제를 함에 있어서도 그 타당성을 가지고 적용할 수 있을 것인지에 대한 논의는 방송시장에 대한 규제원리를 마련함에 있어서 중요한 판단의 근거로서 작용하게 될 것이라고 생각한다. 따라서 다양한 매체규제모델을 방송시장 규제를 위한 준거 틀로 삼아 비교분석을 시도하는 것은 그 규제모델에 내재된 헌법적 원리를 올바로 파악할 수 있다는 점에서 의미가 있다고 생각된다. 이러한 비교분석을 통하여 언론에 대한 규제모델이 방송시장 규제에 대해서도 타당성을 가진다면 그 내용은 무엇인지, 또한 타당성을 가지지 못한다면 그 이유가 무엇인지를 파악하는 것은 향후 방송시장에 대한 규제의 방향을 설정하는 데 많은 도움이 될 수 있을 것으로 생각한다.[1]

1) 인쇄매체와 방송매체의 이원적 규제모델

매체에 대한 규제정책을 행함에 있어서 방송매체와 나머지 매체를 구분하고, 방송을 제외한 나머지 매체에 대해서는 동일한 규제를 적용한다는 "인쇄매체 규제 모델(the print)"[2]과 인쇄매체와 독립하여 방송매체를 규율하는 방송매체 규제모델(the broadcast)의 이원적 규제모델이 있다.[3] 이와 같은 이론은 과거 방송매체와 인쇄매체가 양분되었던 시대의 매체시장에 적용되었던 전통적 방식이라고 할 수 있다. 이 규제모델에서 방송매체의 경우에는 여론의 다양성 증진과 여타 공공성 구

---

1) 최근 논의가 진행되고 있는 방송시장에 대한 다양한 공정경쟁의 이슈들은 표현의 자유를 향유하는 주체들에 대한 규제인 동시에 경제적 자유를 향유하는 주체들에 대한 규제가 될 수 있다. 그러나 규제자는 이와 같은 내용을 포함하는 규제에 있어 다양한 논의와 헌법적 고려 없이 규제를 집행했던 것이 사실이다. 이러한 차원에서 방송시장 규제 원리 및 방안을 마련하기 위한 다양한 논의의 시도는 규제입법의 제정을 위한 의사형성과정에 많은 기여를 할 수 있을 것으로 생각한다.

2) "인쇄매체 규제 모델의 이론적 기초는 사상의 자유시장론이며, 이는 어떤 사상의 견해가 옳고 그른지, 또는 가치가 있고 가치가 없는 것인지를 평가하고 결정하는 것은 '정부'가 아니라 '사상의 공개시장'이라는 것이다. 설령 유해한 사상이나 표현이라 하더라도 그 해악의 교정은 사상의 공개시장에서 대립되는 사상이나 표현에 의한 경합을 통해 이루어져야 한다는 것이다"(이인호, "방송·통신 융합과 언론의 자유", 「공법연구」, 제28집 제4호 제1권, 한국공법학회, 2000, 251면). 그러나 이러한 사상의 자유시장 이론은 특정한 견해가 개인과 사회에 상당한 고통을 전가하는 등의 수준에 이르러 사상의 공개시장을 통해서도 그 해악이 극복되지 않은 경우에 정부가 규제를 통해 개입할 수밖에 없다는 점에서 비판이 제기될 수 있다.

3) Thomas G. Krattenmaker/L. A. Powe, Jr, "Converging First Amendment Principles for Converging Communications Media", 104 Yale Law Journal 1719, 1995, pp. 1721-1741; 황성기 전게 박사학위논문, 99면 재인용.

현 등을 이유로 정부에 의한 내용적 규제가 광범위하게 허용되고 있는 반면 방송을 제외한 나머지 매체에 대해서는 정부에 의한 내용적 규제의 가능성을 엄격히 제한하고 있는 것을 특징으로 하고 있다.4)

인쇄매체에 대한 규제모델은 미국 수정헌법 제1조에 대한 문언적·역사적·구조적·전통적 해석과 일치한다는 점에서 그 의의가 있으며, 방송매체 규제모델은 경제적 자원의 배분과 언론의 공정성 등을 촉진한다는 원칙을 전제로 한다는 점에서 의의가 있는 것으로 평가된다.5) 그러나 이와 같은 이원적 규제모델을 방송시장에 적용하게 되면 방송의 특수성 이념이 규제원리에 잘 반영될 수 있기 때문에 방송의 공익성 실현 측면에서 의미가 있으며 방송에 대한 전문규제의 확대 필요성에 대해 상당한 근거를 제시하고 있다고 할 수 있다. 그러나 커뮤니케이션 기술발달에 따라 출현되는 방송 이외의 모든 매체에 대해 동일한 규제원칙을 적용해야 한다는 점에서는 문제가 있을 수 있다. 특히 방송시장에 대한 규제의 측면에서 본다면 매체의 특성과 성격이 다른 방송 이외의 매체에 대해서 동일한 규제의 범위로 간주하는 것은 규제의 실효성과 타당성 확보차원에서 무리가 있을 것으로 생각된다. 즉,

---

4) 미국 연방대법원은 FCC v Pacifica Foundation 438. U.S. 726, 1978 사건에서 인쇄매체에는 허용되지 않은 정부에 의한 방송규제가 방송의 경우에는 청소년을 보호하기 위하여 허용될 수 있음을 인정하면서 일반적으로 내용규제에 적용되는 엄격심사기준을 적용하지 않았다. 이러한 논거는 방송의 침투성과 수용자의 통제능력 결여로 판단한 것이다. 코미디언 Geroge Carlin이 라디오에서 7가지 비속어(shit, piss, fuck, cunt, cocksucker, motherfucker, tits)를 반복해서 사용하는 것을 금하는 FCC의 규칙은 비록 그 표현이 음란(obscene)하지 않고 단순히 저속한(indecent) 표현이라 하더라도 헌법적으로 허용된다고 판단했다. 즉 "미국연방대법원은 라디오 방송내용이 일반시청자의 가정에 전파되는 엄청난 파급력(uniquely pervasive)을 지니고 있는바 유해한 방송내용으로부터 청소년을 보호하기 위한 유일한 방법은 방송을 금지하는 것이다"라고 판시한 것이다.

5) 황성기, 전게 박사학위논문, 100면.

방송시장에 대한 규제는 방송운영에 관여하는 제반 요소인 방송콘텐츠 제공자, 네트워크 운영자, 방송시설의 운영자, 시청자 등 다양한 관계로부터 파생되는 문제를 해결할 목적으로 규제가 이루어져야 하는데 이 규제모델의 경우 이러한 제반요소에 대한 관계는 고려하고 있다고 할 수 없다. 다만, 이 규제모델의 규제목적은 시장에 규제를 하기 위해 제시된 이론이 아니기 때문에 시장규제를 하기 위한 한계를 가질 수밖에 없으나, 시장에 대한 규제와 내용에 대한 규제는 궁극적으로 상호 연관성을 가지기 때문에 방송매체와 인쇄매체에 대한 겸영문제 등 일부 사안에서는 의미를 가지는 것으로 평가될 수 있다.

2) 계층적 규제모델

계층적 규제모델(layered model)은 "광대역통합망"(BcN, Broadband Convergence Network)[6] 등의 형태로 네트워크가 전환됨에 따라 방송, 통신, 인터넷간의 경계가 모호해지면서 대두된 이론이다. 이는 최근 활발하게 논의되고 있는 수평적 규제모델과 맥을 같이한다고 할 수 있다. 계층적 규제 모델은 인터넷의 설계 모델을 바탕으로 계층적으로 접근하는 모델을 말한다. 즉 인터넷의 설계 모델에 근거해서 분류하는, 물리적인 전송층(physical)에 해당하는 망사업자, 그리고 접속층(access)에 해당하는 서비스를 제공하는 "인터넷서비스사업자"(ISP),[7] 인터넷상의

---

[6] 광대역통합망을 외국에서는 차세대통신망(NGN, Next Generation Network)이라고 부르며, 이는 기존의 일반 전화, 무선 전화 및 인터넷망을 하나의 패킷 구조로 통합한 차세대 통신. 개방 모듈형 표준 프로토콜과 개방 인터페이스로 되어 있어 회사, 이동 사무실, 이동 통신 이용자, 재택근무자들의 욕구 충족에 적합하며 유연성, 가변성, 저렴성 등의 장점이 있다. 또한 언제 어디서나 뉴스, 일기, 주식 시세, 계정 잔고와 같은 웹 기반 정보를 단순한 음성 메시지나 전화로 얻을 수 있다.

[7] 인터넷 서비스 사업자(ISP, Internet service provider)는 일반 사용자나 기업체, 기

응용층(application)에 해당하는 서비스를 제공하는 "응용서비스사업자"(ASP),8) 마지막으로 콘텐츠층(content)에 해당하는 콘텐츠를 제공하는 사업자로 분류하는 것을 말한다.9) 이러한 분류를 규제에 적용하게 되면 계층별로, 기능별로 구분한 규제가 가능해진다. 예컨대 현재 네트워크에 대한 진입규제와 서비스 제공자의 진입규제를 분리하는 것은 이러한 계층적 모델을 적용한 데 따른 것이다.

　　이러한 계층적 규제 모델은 기본적으로 인터넷구조를 기반으로 한다는 점에서 방송의 기술이 인터넷 기술구조 또는 그 유사한 구조를 기반으로 진화되는 경우에 유효성을 인정받을 수 있다. 현재의 방송 전송 기술은 IP 기술을 근간으로 하여 기술표준이 정해지고 있는 추세에 있고 서비스 또한 인터넷을 기반으로 하고 있기 때문에 이 규제모델을 방송시장에 대한 규제에 적용한다는 것은 기술 진보에 부응한 규제가 이루어질 수 있다는 점에서 타당할 것이라고 생각된다. 그러나 이 규제모델은 네트워크를 운영하는 사업자의 망에 여타의 서비스 제공자들이 쉽게 접근할 수 있도록 하기 위한 망 개방 논의가 전제되어야 의미가 있다. 이러한 망 개방은 네트워크의 중립성에 대한 논의와 같은 개념으로 이해되고 있다. 네트워크 중립성을 확보하기 위해서는 어떤 것이 비

관, 단체 등이 인터넷에 접속하여 인터넷을 이용할 수 있도록 해 주는 사업자. 1994년 6월 KT가 일반인을 대상으로 하는 인터넷 상용 서비스를 시작한 이래 매년 인터넷 이용자가 급증하여 현재는 LG 데이콤, 하나로통신 등 많은 수의 ISP가 인터넷 서비스를 제공하고 있다.

8) 응용 서비스 사업자(ASP, application service provider)는 인터넷 망을 통해 소프트웨어를 판매 또는 일정기간 대여해 주는 사업자를 말하며, 최근에는 마이크로소프트나 오라클 등 기존의 대형 업체들도 가담하고 있다.

9) Craig, McTaggart, "A Layered Approach to Internet Legal Analysis", *University of Toronto Computer Law Review*, 2003 참조.

차별 접속이고 어떤 것이 공정한 접속인지에 대한 범위가 명확해야 한다. 그러나 이에는 관련 사업자간의 이해관계, 재산권의 제한 원리와 공익성의 적절한 조화 등 다양한 이슈를 내포하고 있다. 네트워크 중립성 원칙은 비차별적인 망 개방을 통하여 서비스 분야의 성장을 촉진시킬 수 있으나, 네트워크를 소유한 사업자에 대한 투자유인을 저해시키는 요인으로 작용할 수 있다. 따라서 이 모델은 네트워크 중립성에 대한 논의가 선결되는 한에서 방송시장에 대한 규제원리로서 의미가 있을 것으로 판단된다.

3) 수평적 규제모델

2002년 유럽연합에서 채택된 수평적 규제프레임워크는 회원국들에 방송과 통신의 규제체계를 전송부문에 대해서는 수평적 규제체계로 단일화할 것을 의무화하고 있다. 이러한 수평적 규제체제는 앞서 논의한 계층적 규제모델과 같은 맥락이라고 할 수 있다. 동 규제모델의 적용은 융합서비스에 대한 유효경쟁을 촉진시키고 유럽연합 내의 서비스 발전을 이룩하는 데 상당한 기여를 할 것이라는 평가가 지배적이다. 유럽연합의 규제지침은 네트워크 및 매체간 균형성의 원칙, 전송과 콘텐츠 규제의 분리, 공익성 제고를 주요 목표로 하여, 전송 관련 법체계 및 규제체계를 일원화하는 것을 주요 내용으로 하는 기본 골격을 제시하고 있다.[10] 그 주요 핵심내용으로는 기존의 수직적 서비스 규제를 전송과 콘텐츠로 구분하여 계층별 수평규제체계로 전환하는 것이다. 이러

[10) 유럽연합의 커뮤니케이션에 대한 규제지침과 법체계에 관한 자세한 내용은 Sebastian Farr/Vanessa Oakley, EU Communications Law, Sweet & Maxwell; 2. Rev. ed., 2006, pp 1-28 참조.

한 점에서 계층적 규제모델과 의미가 같다고 할 수 있다. 그러나 전송
계층을 전자커뮤니케이션 네트워크와 전자커뮤니케이션 서비스를 포괄
하고 있다는 점에서는 차이가 있다. 전자커뮤니케이션 네트워크는 '전
자적 신호를 전자적으로 전달하는 전송 시스템과 부대설비'를 의미하
는데, 전송되는 정보의 유형과 무관하게 전기적 신호를 전송하는 모든
전송설비(광, 케이블을 포함한 유선, 무선, 위성)를 포함하는 개념이다. 또한
전자커뮤니케이션 서비스는 '전자커뮤니케이션 네트워크상에서 전기적
신호를 사업목적으로 전달하는 서비스로서 통신서비스와 콘텐츠 전송
서비스, 그리고 네트워크를 이용하여 방송을 목적으로 제공되는 전송서
비스'(단, 편성권은 제외)를 지칭하고 있고, 전송 콘텐츠의 편집이나 편
집서비스를 제공하는 것은 전자커뮤니케이션 서비스에서 제외된다.[11]

수평적 규제모델에 있어서 전송계층에 대한 규제지침은 "네트워
크 중립성"[12]과 경쟁법 적용을 그 특징으로 한다.

네트워크 중립성의 핵심은 네트워크를 운영함에 있어 비차별, 상
호접속, 접근성 등 3가지 중립성의 원칙에 입각하여야 한다는 것이다.

---

11) European Union, Directive 2002/21/EC of the European Parliament and of the
  Council of 7 March 2002 on a common regulatory framework for electronic
  communications networks and services(Framework Directive). Official Journal
  of the European Communities, 2002a, L 108/39.

12) 네트워크 중립성(Network Neutrality)이란 네트워크를 이용하고자 하는 모든 주체
  들에게 네트워크서비스를 중립적이고 개방적으로 제공해야 한다는 개념으로 중립
  적이고 개방적이라는 의미는 모든 콘텐츠가 모든 네트워크상에서 동등하게 취급되
  어야 하며 어떠한 차별도 있어서는 안 된다는 것이다. 결국 네트워크는 데이터를
  전송시키는 역할을 할 뿐 특정 데이터에 우선권을 주어서는 안 된다는 것이다. 이
  러한 네트워크 중립성에 관한 논의는 모든 통신망이 인터넷 망으로 수렴되기 시작하면
  서 본격화되었다. 이는 1993년 2월 정보사회보고서(information society Bangemann
  report)에서 네트워크 규제는 상호접속 및 상호 운용성을 요구한다는 내용으로 네
  트워크 중립성이라는 용어를 사용하였다.

즉, 네트워크 중립성은 콘텐츠나 네트워크 운영자의 사업방향과는 상관 없이 네트워크의 운영에만 한정된 개념이다. 네트워크 중립성 원칙의 장점은 네트워크의 차별적 운영으로 네트워크에 의존하는 시장이 왜곡 되고 궁극적으로는 국가 경제성장이 늦춰질 수 있는 가능성을 줄일 수 있다는 것이다.13) 결국, 전화회사나 케이블 회사와 같은 네트워크 서비 스 제공자들이 자신들의 네트워크를 마음대로 사용하도록 허락하지 않 음으로써 네트워크 분야의 혁신을 이룰 수 있다. 반면 네트워크 중립성 에 대한 반대 의견으로는 정부의 간섭을 필요로 하고, 정부의 간섭은 불가피하게 의도하지 않은 결과를 발생시킬 수 있다는 점을 주장한 다.14) 예를 들어 네트워크에 대한 투자유인을 제고하기 위해서는 네트 워크의 차별적 운영이 필요한데 중립적 네트워크란 결국 공공재와 같 기 때문에 시설투자를 소홀히 할 수 있다는 문제점을 지적한다. 이 규 제 모델 또한 계층적 규제모델과 마찬가지로 방송시장의 경제적 규제

---

13) 이를 찬성하는 입장으로는 "소비자와 Google이나 Amazon.com과 같은 인터넷 사 업자들이며 이들은 인터넷의 개방성을 유지하려면 네트워크 중립성의 의무화가 반 드시 이뤄져야 하며 사용자들이 모든 데이터를 자유롭게 얻을 수 있는 환경을 통 신업체들이 조성해야 한다고 주장하고 있다. 미 상원의 민주당 Byron Dorgan 의 원은 회선이용이나 접속요금은 소비자가 이미 지불하고 있으며, 설비투자를 위한 비용을 이유로 네트워크 중립성을 반대하는 것은 어불성설이라며 네트워크 중립성 을 옹호하고 있다"(박재천, "네트워크 중립성", *Issue Inside*, 제2006-8.2호, 한국인 터넷진흥원, 2006, 8면).

14) 이를 반대하는 입장으로는 "AT&T, Comcast 등 인터넷 IASP(Internet Access Service Provider) 및 케이블사업자들이며 이들은 네트워크중립성을 반대로 인하여 네트워크의 활동을 저해할 생각은 전혀 없으며 오히려 네트워크에 투자하고 성장 시켜 그 규모와 범위를 확대하려는 것이라고 주장한다. Verizon의 한 관계자는 "Google 등의 기업은 Verizon의 네트워크를 무료로 사용할 수 있다고 기대해서는 안 된다며 네트워크 중립성의 모순을 지적했다. 한편으로 이들은 네트워크 중립성 을 법으로 규정할 경우에 인터넷에 활기를 불어넣는 인상을 줄지는 모르지만 실제 로는 네트워크 개발을 저해하게 될 것이라고 경고했다."(박재천, 전게논문 8면).

를 위해 유용한 이론이라 생각된다. 더욱이 이 모델은 전송 콘텐츠의 편집이나 편집서비스를 제공하는 사업에 대해서는 문화적·사회적 기능을 강조하고 있다는 점에서는 매체특성론적규제모델과 유사한 점이 있다.

4) 매체특성론적 규제모델

매체특성 규제모델은 급속하게 변화하고 있는 방송환경에 관한 규제법적 문제를 논의하기 위하여 매우 유용한 방법이다. 매체특성론적 규제모델은 정보의 흐름과 통제에 있어서 그 특성이 서로 다른 매체에 따라 언론매체의 규제에 관한 법적 원리가 달라야 한다는 문제의식에서 출발한 이론이며, 미국 연방대법원의 "판결"[15]에서 강하게 나타나고 있다. 정보통제와 전달방식을 기준으로 국가의 강력한 간섭을 필요로 할 것인지 아니면 사상의 자유시장에 맡길 것인지의 여부와 정보이용자의 통제권 강화 여부는 방송시장에 대한 규제기준 마련과 밀접한 관련성이 있다.[16]

---

15) 매체특성론은 미국 연방대법원의 매체에 관한 판결을 통해 일관되게 적용되어 왔다. 즉, 방송에 대한 Red Lion Broadcasting Co v FCC(395 US 386[1969]) 판결에서는 "새로운 매체의 특성에 따른 차이점은 수정헌법 제1조의 기준을 적용하는 데 있어서의 차별성을 정당화한다"고 하여 방송에 관한 공적 규제를 정당화하였으며, 케이블TV에 대한 City of Los Angeles v Preferred Communications, Inc.(476 US 488[1986]) 판결에서는 "다른 커뮤니케이션매체는 수정헌법 제1조에 적용에 있어 달리 취급한다(Different Communications media are treated differently for First Amendment purposes)"고 판결하여 매체의 특성에 따른 규제를 정당화하였다. 이러한 판결은 이후 Tuner Broadcasting System. Inc v FCC(114 US S Ct 2445 (1994)) 판결과 인터넷에 관한 ACLU v. Reno 929f.Supp. 824(1997) 판결에서도 계속적으로 확인되고 있다.

16) 이와 관련된 보다 상세한 내용은 황성기, 전게 박사학위논문, 104-117면; 정순원, "청소년의 인격성장권과 사이버공간에서의 청소년 보호", 성균관대학교 박사학위논문, 2006, 98-101면 참조.

이러한 매체특성모델은 네 가지 유형으로 구분될 수 있다. 첫째는 '중앙통제적·일방적 매체'이다. 이는 정보의 흐름에 있어서 정보통제자가 존재하고, 편집자율성을 향유하는 매체인 동시에, 정보전달방식이 일방적인 경우를 말한다. 이 유형에는 전통적인 매스미디어인 신문, 잡지, 지상파방송, 케이블방송, 위성방송 등을 들 수 있다.17) 둘째, '중앙통제적·쌍방향 매체'이다. 이는 정보의 흐름에 있어서 정보통제자가 존재하고 편집자율성을 향유하는 매체이지만, 한편으로는 그 정보전달방식이 단순히 일방적이 아닌 쌍방향의 경우를 말한다. 이러한 유형으로는 VOD(Video on Demand)와 인터넷 게시판(통신사업자가 유통되는 정보와 표현의 내용에 대한 삭제권한이 인정되는 경우)을 들 수 있다. 셋째는 '탈중앙통제적·일방적 매체'이다. 이는 정보의 흐름에 있어서 정보통제자가 존재하지 않고, 따라서 편집자율성이 인정될 필요가 없는 매체인 반면에, 한편으로는 정보전달방식이 일방적인 경우를 말한다. 이러한 유형으로는 인터넷이나 PC통신상에서의 spam mail이 여기에 해당한다고 할 수 있다. 넷째, '탈중앙통제적·쌍방향 매체'이다. 이는 정보의 흐름에 있어서 '정보통제자'가 존재하지 않고, 따라서 '편집자율성'이 인정될 필요가 없는 동시에, 정보전달방식도 쌍방향인 경우이다. 이 유형에 해당하는 것은 인터넷이라고 할 수 있다.

이와 같은 매체특성모델을 적용하게 되면 전통적 매체인 방송서비

---

17) 신문·잡지 등 인쇄매체는 값싸고 효율적인 통신시스템(우편제도)과 결부되어 분권화된 개방적 커뮤니케이션구조를 형성시켰고 이에 기초해서 전통적인 언론자유의 모델인 인쇄모델이 형성되었다는 점, 인쇄모델이 딛고 있는 이론적 기초는 사상의 자유시장론이라는 점, 인쇄모델은 탈규제 모델이라는 점, 인쇄모델의 적용범위는 신문을 비롯한 음반·비디오물·게임물·공연물·영화 등 방송을 제외한 모든 미디어에 미친다는 점 등을 이유로 신문·잡지를 중앙통제적·일방적 매체로 분류하는 것은 무리가 있다고 한다(이인호, 전게논문, 248면).

스와 쌍방향과 수신자의 선택성이 강조되는 방송통신융합형 신규매체
의 시장에 대한 규제원리가 달라질 수밖에 없게 된다. 시장에 대한 규
제원리가 달라진다는 것은 규제자의 방송시장에 대한 통제의 정도가
달라질 수밖에 없다는 것을 의미한다. 그러나 향후 매체의 진화로 인해
방송매체는 여러가지 속성들을 포괄적으로 가질 수밖에 없다. 그러나
전통적 방송으로 분류된 지상파방송이나 케이블TV에서 제공하는 VOD
서비스 등에 대해 다른 규제원리를 적용한다는 것은 문제가 있다고 생
각된다.18) IPTV와 같은 매체의 경우에도 전통적 방송과 같은 중앙통
제적·일방향적 서비스를 제공할 수 있으며, 이러한 경우 인터넷방식의
전송방식을 이용한다는 점 이외에는 수용자 측면에서 케이블TV와 차
별성을 알기 어렵다. 따라서 방송시장에 대한 규제를 위하여 이 모델에
서 의미를 찾는다면 매체의 사회적 영향력의 정도에 따라 다른 규제 적
용을 달리할 수 있다는 점이다. 이러한 점에서 인쇄매체에 비해 높은
정도의 규제를 받았던 지상파방송, 케이블방송, 위성방송에서 발견되는
사회적 영향력, 독점 가능성 등에서 비롯된 방송의 공익성·공공성 등의
성격이 IPTV와 같은 신규매체에도 그대로 적용될 수 있다.19)

---

18) 방송의 디지털화로 인해 케이블TV와 위성방송에도 기존의 일방향의 방송서비스
    이외에 다양한 서비스가 가능해졌다. 최근 케이블TV와 위성방송은 주문형서비스
    (VOD: video on demand), 텔레비전 상거래(T-commerce)를 비롯해 다양한 정보
    와 오락서비스를 제공할 뿐만 아니라 케이블 망을 통한 전화서비스(VoIP: voice
    on internet protocol)를 실시하고 있다. 이는 동일 매체가 여러가지 다양한 매체의
    특성을 동시에 가질 수 있는 융합형 서비스의 대표적인 사례라고 할 수 있다.

19) 처음부터 사회적 영향력을 척도가 될 상호교통의 범위나 규모를 기준으로 매체를
    분류해서 그 규모가 크면 공법적으로, 그 규모가 작으면 사법적으로 다루자는 언론
    학적 접근도 일찍이 시도된 바 있다(Meier, Jürgen, Recht vor dem Kabelfernsehen-
    Ansätze für einen Paradigmenwechsel in der Medienpolitik, Hamburg 1979, S.
    195f.). 그러나 이 기준을 법적인 것으로 인식하고 적용하기에는 너무 불명확하였
    다. 반면에 그와 같은 실질적 기준에 따른 평가의 비중은 여전히 크다는 점을 부정

2. 각 규제모델 적용에 대한 평가

이상의 논의를 통하여 각 규제모델의 특성과 내용에 대해 살펴보았다. 인쇄매체와 방송매체의 구분을 통한 이원적 규제모델은 다른 매체에 비해 방송의 사회적 영향력을 강조하고 있으므로 방송의 사회문화적 규제 근거를 정당화하기 위한 이론으로서 가치가 있다고 평가된다. 그러나 최근 기술발전에 따라 출현되고 있는 다양한 매체에 대하여 상호간의 관계를 고려하지 않고 시장에 대한 규제에 있어서 모두 같은 원리를 적용할 수밖에 없다는 것은 무리가 있다고 생각된다. 왜냐하면 이 모델이 제시되게 된 배경이 매체의 공적기능에서의 차이에 따라 차별적 규제를 정당화하는 것이므로 방송 이외의 매체가 모두 같은 공적 기능을 수행한다고 볼 수 없기 때문이다. 또한, 매체특성론적 규제모델의 경우는 앞서 논의한 이원적 규제모델을 확장한 이론으로 파악된다. 매체특성론적 규제모델에서는 매체를 정보전달 및 통제방식에 따라 분류하고 있다. 그러나 방송통신 융합환경하에서 동 규제모델을 적용할 경우 어느 매체가 방송에 해당되고 그렇지 않은지에 대한 명확한 기준을 제시하지 못할 것이라고 판단된다. 즉, 방송개념의 해당성 여부에 판단이 모호함에도 불구하고 매체의 정보통제방식과 전송방식이라는 특성만 가지고 규제방식을 찾고자 하는 시도는 매체현실 적합성에 합당하지 않다는 문제점을 가지고 있는 것이다. 그러나 전통적인 지상파방송, 위성방송, 종합유선방송과 같은 매체에 대해서는 일반적으로 명확한 구별이 가능하고 이러한 매체에 대해서는 보다 강한 공적 규제가

할 수는 없다.

용인될 수 있기 때문에 수평적 규제모델에 대한 보완적 측면으로서는 의의가 있다고 평가된다. 그러나 향후에도 이 모델을 여러 매체에 지속적으로 적용될 수 있는가에 대해서는 의문이 제기된다. 예컨대 탈중앙적·쌍방향적 매체라 하더라도 커뮤니케이션 기술 발달로 야기되는 해킹 등은 중앙통제적·일방향적 매체와 같은 사회적 문제가 불거질 경우 개인적 내용이라 하더라도 사회문화적 문제로 인식될 수 있기 때문이다. 수평적 규제모델이나 계층적 규제모델은 근원적으로 같은 유형의 서비스를 분류함으로써 매체의 특성에 관계없이 동일한 규제가 가능하도록 하고 있다. 이는 매체의 기술적 특성을 고려하지 않아도 될 뿐만 아니라 결합상품과 같은 형태에 대해서도 서비스 분류가 가능하기 때문에 방송시장에 대한 규제에 무리가 없을 것이다. 그러나 이 모델은 기존에 형성된 매체규제 방식에 대한 구조 재편을 수반해야 하는 번거로움이 있을 수 있다는 점이 고려되어야 한다. 결국 방송시장에서의 규제문제는 사회문화적 규제를 포괄하여 여론 형성력이라든지 시장지배력의 문제, 매체의 기술적 특성과 전송형태의 문제 등 다양한 관점에서 포괄적으로 논의가 이루어져야 할 것으로 생각된다.

3. 합리적 규제의 방향

1) 기본권 확장적 방향

방송에 대한 규제는 언론표현의 자유의 수단으로서의 방송이 가지는 자유에 대한 제한을 의미하고 표현의 자유의 중요성을 생각하면 그러한 제한은 최소한에 그쳐야 할 것이다. 그러나 방송의 자유는 방송을 담당하는 방송사업자나 종사자의 자유만이 아니라 일반 국민들의 표현의 자유를 위한 것이고 후자의 자유가 더 우선되어야 한다. 이는 방송에 대한 규제가 국민들의 표현의 자유를 보장하기 위한 것임을 의미한다. 예를 들어 어느 방송기업이 어느 특정한 견해들만 내보낸다면 그외 다른 다양한 견해를 가진 국민들의 표현의 자유라는 기본권이 침해될 것이다. 따라서 방송에 대한 규제의 궁극적 목적은 보다 더 중요하고 넓은 범위의 기본권들을 보장하기 위함에 있고 이는 결국 방송에 대한 규제가 "기본권의 축소가 아니라 기본권의 신장을 위한"[20] 방향으로 이루어져야 할 것을 요구한다는 것이다. 방송사에 대한 설립규제, 소유규제, 방송사업의 독과점 금지 등 앞으로 살펴볼 방송에 대한 경제적 규제는 아래와 같은 기본권의 신장을 위한 것이다. 방송규제를 통해 그 확장이 도모될 수 있는 기본권들을 예시적으로 아래에서 살펴본다.

가. 알권리

헌법재판소는 "정보를 수집하고 처리할 수 있는 권리를 말하는 알권리는 언론출판의 자유의 한 내용으로 마땅히 보장되어야 하는 것이

---

20) 위와 같은 취지로 정재황, 상게논문, 31면 참조.

다"21)라고 하면서 "알권리의 생성기반을 살펴볼 때 이 권리의 핵심은 정부가 보유하고 있는 정보에 대한 국민의 알 권리, 즉 국민의 정부에 대한 일반적 정보공개를 구할 권리라고 할 것이며, 또한 자유민주적 기본질서를 천명하고 있는 헌법 전문과 제1조 및 제4조의 해석상 당연한 것이라고 보아야 할 것이다"22)라고 하였다. 헌법재판소는 또한, "정보에의 접근·수집·처리의 자유, 즉 알 권리는 헌법 제21조 소정의 표현의 자유와 표리의 관계에 있으며, 자유권적 성질과 청구권적 성질을 공유하는 것인바, 이러한 알 권리의 실현을 위한 법률이 제정되어 있지 않더라도 그 실현이 불가능한 것은 아니며 이러한 알 권리에 의하여 사건 당사자의 형사확정소송기록에 대한 접근의 자유도 보장되는 것이므로 (중략) 검사가 청구인에게 형사확정소송기록을 열람, 복사할 수 있는 권리를 인정한 명문규정이 없다는 것만을 이유로 하여 무조건 청구인의 복사신청을 거부한 것은 청구인의 알 권리를 침해하는 것"23)이 된다고 하여 언론 출판의 자유로부터 알권리를 도출하여 기본권의 보호범위를 확대하였다.

나. 방송이용(접근)권(le droit à l'antenne)의 보장

방송이용(접근)권은 라디오나 텔레비전의 방송에서 의사를 표현할 수 있는 기회를 누릴 수 있는 권리를 의미한다. 그리하여 방송이용(접근)권은 정치적 표현의 자유를 실현시키는 수단으로서의 의미가 크다. 이 권리는 다양한 사상·의견의 표현을 보장하기 위해, 그리고 그 표현의 기회를 동등하게 부여하기 위한 권리라는 점에서 방송의 다원성

---

21) 헌법재판소 1995.7.21. 선고, 92헌마177 결정, 헌재판례집 7-2, 125면.
22) 헌법재판소 1989.9.4. 선고, 88헌마22결정, 헌재판례집 1, 189면.
23) 헌재재판소 1991.5.13. 선고, 90헌마133결정, 헌재판례집 3, 250면.

(pluralisme)의 원칙에 입각하여 동 원칙을 실현하기 위한 수단으로서의 권리로 가능한 것이다.24) 한편 가능한 한 다양한 계층의 국민들이 차별받지 않고 방송을 이용할 수 있는 기회가 주어지면 질수록 더욱 의견 표명이 동등하게 이루어질 수 있다는 점에서 평등의 원칙을 위한 권리이기도 하다.25)

다. 정정보도청구권과 반론권

잘못된 보도에 대한 정정보도청구권, 반대되는 의견을 제시할 수 있는 권리인 반론권은 방송사에 대한 규제가 된다. 이들 권리들도 국민의 기본권을 보장하기 위한 것이다. 헌법재판소는 구 정기간행물의 등록 등에 관한 법률이 정정보도청구권을 명문으로 규정하고 있지 않아 정정보도청구권제도에 대해 그 명칭에도 불구하고 피해자의 반론게재청구권인 것으로 해석하였다.26) 그러나 이와 같은 문제는 입법을 통해 해결되었다.27) 즉, 언론중재 및 피해구제 등에 관한 법률 제14조 제1

---

24) J. Rivero et H. Moutouh, Libertés publiques, t. Ⅱ, P.U.F., 7e éd., Paris, 2003, 204-205면; Cl.-A. Colliard, Libertés Publiques, 7e éd., Dalloz, Paris, 1989, 710 면; J. Morange, Droits de l'Homme et Libertés publiques, 5e éd. revue et augmentée, P.U.F., Paris, 320면 등.

25) 정재황, 전게논문, 2007, 37-38면.

26) 헌법재판소는 "정정보도청구권은 정기간행물의 보도에 의하여 인격권 등의 침해를 받은 피해자가 반론의 게재를 요구할 수 있는 권리, 즉 이른바 반론권을 뜻하는 것으로서 헌법상 보장된 인격권, 사생활의 비밀과 자유에 그 바탕을 둔 것이며, 나아가 피해자에게 반박의 기회를 허용함으로써 언론보도의 공정성과 객관성을 향상시켜 제도로서의 언론보장을 더욱 충실하게 할 수도 있다는 뜻도 함께 지닌다"고 판시하였다(헌법재판소 1991.9.16. 선고, 89헌마165 결정, 헌재판례집 3, 518면).

27) 1980년 말의 언론기본법은 '정정보도청구권'이란 이름의 규정을 처음으로 두었으며, 이는 1987년의 정간법에도 그대로 계승되었다. 이 정정보도청구권은 문제된 언론보도의 진위 여부를 불문하며, 언론이 스스로 정정하는 것이 아니라 피해자가 작성한 보도문을 무료로 보도할 의무만을 진다는 점에서 서구의 반론권제도를 입법화한 것임에도, '정정보도'라는 용어로 인하여 이 청구권의 성격에 관한 혼선이 있

항은 "사실적 주장에 관한 언론보도가 진실하지 아니함으로 인하여 피해를 입은 자는 당해 언론보도가 있음을 안 날부터 3개월 이내에 그 보도내용에 관한 정정보도를 언론사에 청구할 수 있다"고 규정하고 있으며, 동법 제16조 제1항은 '사실적 주장에 관한 언론보도로 인하여 피해를 입은 자는 그 보도내용에 관한 반론보도를 언론사에 청구할 수 있다'고 규정하여 법률에서 정정보도청구권과 반론권을 모두 인정하고 있다.28)

라. 보편적 시청권

보편적 시청권은 올림픽경기와 같은 많은 국민들의 관심이 집중된 사건에 대해 누구든지 텔레비전을 통해 시청할 수 있는 권리다. 이러한 보편적 시청권의 보장은 유럽의 경우, 유럽공동체의 회원국 또는 유럽경제지역 조약의 당사국의 많은 사람에게 대해서도 인정되고 있다.29)

없다. 그러나 대법원과 헌법재판소에 의하여 그 법적 성격은 반론보도청구권으로 정리되었다(대법원 1986.1.28. 선고, 85다카1973 판결; 헌재 1991.9.16. 선고, 89헌마165 결정, 헌재판례집 3, 518면).

28) 헌법재판소는 정정보도청구권을 반론보도청구권이나 민법상 불법행위에 기한 청구권과는 다른 새로운 성격의 청구권으로 해석하고 있다. 즉, 헌법재판소는 정정보도청구권에 대하여 "허위의 신문보도로 피해를 입었을 때 피해자는 기존의 민·형사상 구제제도로 보호를 받을 수도 있지만, 신문사측에 고의·과실이 없거나 이를 입증하기 어려운 경우, 위법성조각사유가 인정되는 등의 이유로 민사상의 불법행위책임이나 형사책임을 추궁할 수 없는 경우에는 피해자는 신문보도의 전파력으로 말미암아 심각한 피해상황에서 벗어날 수 없게 된다. 이 경우 피해자가 그러한 심각한 피해상황으로부터 벗어날 수 있도록 하는 구제책이 필요하고, 이에 적합한 구제책은 신문사나 신문기자 개인에 대한 책임추궁이 아니라, 문제의 보도가 허위임을 동일한 매체를 통하여 동일한 비중으로 보도·전파하도록 하는 것이다. 여기에 기존의 불법행위법에 기초한 손해배상이나 형사책임의 추궁과 별도로 언론중재법상의 정정보도청구권을 인정한 의미가 있다"고 결정하였다(헌법재판소 2006.6.29. 선고, 2005헌마165 결정, 헌재판례집 18-1 하, 403면).

29) 정재황, 전게논문, 2007, 48면.

우리나라의 경우 입법을 통해 보편적 시청권을 인정하고 있는데 현행 방송법은 '방송통신위원회는 보편적 시청권보장위원회의 심의를 거쳐 국민적 관심이 매우 큰 체육경기대회 그 밖의 주요 행사를 고시하여야 한다'고 하고, '국민관심행사 등에 대한 중계방송권자 또는 그 대리인은 일반국민이 이를 시청할 수 있도록 중계방송권을 다른 방송사업자에게도 공정하고 합리적인 가격으로 차별 없이 제공하여야 한다'고 규정하여 보편적 시청권을 인정하고 있다(방송법 제76조 제2항 및 제3항).

2) 방송의 기능 제고적 방향

방송은 국가나 사회집단에 의한 지배나 과도한 영향력으로부터 자유로워야 하며 특히 방송은 공공의 여론에 일방적인 영향력을 미치기 위한 목적으로 남용되거나, 편파적인 여론형성에 이용되는 위험성으로부터 배제되어야 한다.[30] 방송의 자유는 현존하는 의사의 다양성이 방송에서 가능한 포괄적이고 완전하게 표현될 뿐만 아니라, 이를 통한 광

---

30) Vgl. BVerfGE 73, 118 (160).;95, 163 (172ff.).; BVerfGE 73, 118은 독일연방헌법 재판소가 1986년 11월 4일 선고한 제4차 방송판결이다. 소위 니더작센 주 방송법 사건이라고도 한다. 공·민영양립방송체제에서는 필수불가결한 기본적 정보제공 (Grundversorgung)은 공영방송의 몫이라는 것이 이 판결의 핵심이다. 독일헌법재 판소는 "다양한 서로 다른 의견을 방송하기 위하여 헌법이 요구하는 포괄적인 정보 는 필수 불가결한 '기본적 정보제공'(Grundversorgung)으로서 공영방송사가 담당 해야하는 몫이다. 왜냐하면 공영방송의 프로그램은 거의 모든 국민에게 제공되기 때문이며 민영방송과 다르게 높은 시청률에 의존하지 않아도 되며 내용적으로 포 괄적인 프로그램을 제공할 수 있는 상태에 있기 때문이다. 이렇게 형성된 방송의 과제는 독일에서의 문화생활뿐 아니라 민주적 질서에 필수적인 방송의 기능을 포 함하고 있다. 그리고 이것이 공영방송에 의해 보장되는 한, 또 그런 범위 내에서는 (solange und soweit), 헌법이 공영방송에 요구하는 프로그램의 광범위성이나 다양 한 의사의 형평성 보장을 민영방송에도 똑같이 엄격하게 요구할 필요가 없다"고 판 시하였다(이욱한, 전게논문 392-393면; 전정환/변무웅 역, 전게서 150면 이하).

범위한 정보 취득의 보장을 위하여 적극적 질서의 형성을 요구한다.31) 방송시장에 대한 규제는 이와 같은 방송의 기능을 제고하는 방향으로 이루어져야 한다. 방송의 기능 제고를 위한 규제방향 설정을 위해서는 다음 사항이 고려되어야 한다.

첫째, 방송규제는 방송의 다원성을 구현하는 방향으로 이루어져야 한다. 이와 같은 방송의 다원성은 외적 다원성과 내적 다원성으로 나누어진다.32) 외적 다원성은 방송사의 설립단계에서 요구되는 다원성이다. 즉 민영방송사의 설립에 있어서 복수허가(특허)를 제한하거나, 정기간행물기업과의 겸영제한 등의 규정들을 두어 자본집중 내지 언론시장의 독과점을 방지함으로써 다양한 언론사들이 존재하도록 하는 데 있다. 그리하여 이러한 다양한 언론사들로부터 수신자인 일반국민이 다양한 정보를 접할 수 있게 함으로써 종국적으로 다원화를 실현하고자 하는 것이다.33) 내적인 다원주의는 방송의 내용에 관한 다원성의 원칙의 보장을 위한 것이다. 즉 다양한 사상이나 주장이 방송을 통하여 표출되게 하기 위하여 사회단체들에 방송을 이용할 권리를 주거나 특히 정치적 단체에 대해 고르게 그들의 정치적 사상이나 주장을 개진할 수 있는 기회를 주는 것이 필요하다는 것이다.34)

둘째, 방송의 공정성이 확보될 수 있도록 하여야 한다. 방송은 사

---

31) Vgl. BVerfGE 57, 295 (350); 73, 118 (152).; 74, 297 (324); 83, 238 (296).

32) J. Rivero et H. Moutouh, Libertés publiques, t. Ⅱ, P.U.F., 7e éd., Paris, 2003, 204면.

33) 헌법재판소는 위의 1986년 9월 16일의 결정에서 자본집중제한, 복수허가(특허) 제한에 관한 1986년 법의 제39조, 제41조의 규정들은 그 자체만으로는 충분히 다원성을 보장하는 규정이라고 볼 수 없다는 이유로 동 규정들을 위헌으로 선언하였다. 이 위헌결정에 따라 동 규정들에 대한 보강을 하는 개정이 이루어졌다.

34) 정재황, 전게논문, 36면.

회세력들의 자유로운 생존게임을 방치하는 방향으로 규제가 이루어져서는 안 된다. 방송을 통한 사태의 발전은 일정한 조건하에서 상당한 어려움을 감수해야만 그 원상회복이 가능하기 때문이다. 이는 시장 내에서 민주적 의사형성에 대한 텔레비전의 위험성이 다른 출판물보다 높기 때문이다. 따라서 시장을 지배하는 사회세력이 일방적으로 국민의 의사형성에 관여하는 일은 없어야 할 것이다.[35] 자유로운 의사형성은 경쟁이 아닌, 방송의 자유를 보호하는 국가의 행위를 통해 이루어진다고 할 수 있는 것이다.

셋째, 유익한 방송정보가 유통될 수 있도록 하여야 한다. 방송을 통해 전달되는 정보는 사회 구성원의 가치와 그 사회가 나아가야 할 방향성에 막대한 영향을 주고 있는 것이 사실이다. 만일 유해한 정보가 방송을 통해 전달된다면 사회적 문제가 심각해질 수 있을 것이다. 이러한 차원에서 음란정보 및 청소년 유해 정보에 대한 차단책을 강구하는

---

35) BVerfGE 57, 295 (323); 73, 118 (160); BVerfGE 57, 295는 독일 연방헌법재판소의 1981년 6월 16일자 선고한 제3차 TV방송 판결로 자를란트 방송법 사건이라고도 한다. "자알란트 주의 방송사 설립에 관한 법률(1967. 6. 7.)에 대하여 행정재판소가 제기한 구체적 규범통제절차에 의해 행해졌다. 공영방송체제가 확립되어 있는 상황에서 70년대 중반 이후 새로운 중계기술(광케이블, 위성 등)의 발달은 독일에서 새로운 논란을 일으켰으며 그 핵심에는 민영방송 도입 여부가 쟁점이 되었다. 이런 가운데 자알란트 주는 민영방송 설립을 가능케 하는 방송사 설립에 관한 법률을 제정하게 되며 이 법률의 위헌성이 연방헌법재판소의 판단에 맡겨지게 된다. 이 판결을 통하여 민영방송 도입이 가능한지, 가능하다면 어떤 형태로 구성되어야 하는지에 대한 원칙을 제공하게 된다. 연방헌법재판소는 민영방송 도입은 헌법적으로 위헌은 아니지만 사회에 모든 의미 있는 세력들의 목소리를 전달하는 것이 효과적으로 보장될 수 있는 법률적 예방조치가 취해진 경우에만 가능하다고 판시한다. 방송이 여론형성에 미치는 영향력을 고려할 때, 시장(시장) 속에서 개별 세력들이 자유롭게 방송을 좌지우지하도록 내버려둘 수는 없다는 것이다. 자알란트 주의 방송사 설립에 관한 법률은 이러한 예방조치들이 결여되어 있으므로 위헌이라고 선언하였다"(이욱한, 전게논문, 388면; 전정환/변무웅 역, 전게서 112면 이하).

방향으로 규제가 이루어져야 한다.

　이러한 방송의 기능 제고를 위한 규제방향은 경제적 측면과도 밀접하게 관련되어 있다. 이는 방송사에 대한 채널구성과 편성 등 운영에 대한 제한은 공익을 우선하면서 방송운영자의 경제적 자유와 합리적 조화가 가능한 방향으로 이루어져야 하기 때문이다.

Ⅷ. 결　론

특별법에 의한 IPTV 도입 이후 최근 유료방송시장의 경쟁이 심화되면서 공정한 경쟁환경 조성 및 규제의 형평성 확보 요구가 관련 업계 및 학계 중심으로 지속적으로 제기되고 있다. 특히 사업자간 이해관계가 첨예하게 대립되고 있는 유료방송시장에는 공정한 경쟁의 규칙을 마련할 필요가 있으며 스마트 미디어 환경을 지속성장 가능한 성장의 기회로 활용할 수 있도록 유료방송 규제체계를 정비함으로써 방송산업의 활성화와 국민 편익 증진을 위해 방송규제체계 변화를 시도해야 한다는 논의가 촉발되고 있는 것이다. 정부는 방송법을 중심으로 인터넷멀티미디어방송사업법(IPTV법)을 통합하여 유료방송 규제체계를 정비하는 것으로 검토중에 있다. 이는 방송시장에서 각 매체별로 별개 법으로 규율함에 따른 규제 불균형 문제를 개선하여 유료방송사업간 규제 형평성을 실현하고, TV기반의 플랫폼사업자들(유료방송사업자)이 인터넷기반 미디어와 경쟁 환경에 능동적으로 대응하고 PP사업자(DP사업자 포함)들의 혁신과 플랫폼사업자와의 상생을 유인하기 위해 관련 규제체계를 미래지향적으로 검토하고 있는 것이다. 또한, 규제 목적을 제대로 달성할 수 있도록 규제 형식, 수준 등을 개선하여 유료방송에 대한 규제 실효성 확보하고 방송법체계의 가장 본질적 사항인 시청자(이용자) 권익 증진을 지향하며 제도를 보완하여 시청자(이용자)의 권익 증진을 지향하겠다는 것이다. 방송환경의 변화를 반영하기 위한 다양한 논의는 국민의 기본권 실현을 위해 매우 의미가 있을 것이다.

전파라는 유한자원을 이용하는 방송의 기술적 특성으로 인해 방송의 전송 수단인 전파를 국가의 공공재산으로 인식하고 국가의 관리하에 두는 것이 일반적 현상이다. 이러한 논리에 따라 대부분의 국가에서는 방송을 국가 또는 공법인이 운영하는 국·공영 방송체제를 유지하여 왔다. 국영방송체제에서는 전파의 국가독점사상에 따라 방송의 정책결정과 운영·관리 모두를 국가가 하고 있으며, 공영방송체제에서는 독립된 공법인이나 영조물 법인이 방송을 국가로부터 위임받아 운영하는 형식을 취하고 있었다. 이와 같은 역사적 사실로 인해 방송시장에서의 경쟁에 관한 논의가 촉발되기 어려운 구조를 가지고 있었다고 할 수 있다. 그러나 디지털 방송기술 및 커뮤니케이션 과학기술의 비약적인 발전에 힘입어 공적 영역이 아닌 민간영역에서 운영되는 방송사가 점진적으로 늘어나고 소위 방송통신 융합형 서비스라는 신규매체가 등장하기 시작하면서 방송에 대한 전통적인 사고방식은 혁신적인 변화를 맞이하게 되었다.

그러나 이와 같은 환경변화는 방송에 대한 헌법적 보호법익을 다른 차원으로 변이시키지는 못했다. 즉, 방송제도를 운영하고 있는 대부분의 국가에서는 방송의 개념을 정의함에 있어 다원주의나 문화적 관점이 여전히 중요한 판단의 근거로 작용하고 있기 때문이다. 특히 문화적 전통이 강한 프랑스의 경우에 있어서는 다원주의 또는 여론형성력 등이 인정되는 텔레비전과 라디오 방송에 대해서는 서비스 제공자의 공적 책임을 비중 있게 다루고 있다. 우리나라의 방송개념도 이러한 관점이 반영되어 정의된 것이라고 할 수 있다. 현행 방송법상 방송개념은 전기통신설비를 사용하여 의도적으로 만들어진 방송프로그램을 쌍방향성과 일방향성을 불문하고 특정 또는 불특정다수의 수신자를 대상으로 전송되는 것이라면 모두 포함하고 있다. 이러한 방송개념은 전통적인 방송개념보다 확장된 것이기도 하면서도 방송의 헌법적 보호법익이 충분히 반영된 개념이라고 할 수 있다. 방송의 법적 개념 확정은 특정 서비스가 방송서비스에 해당되는지 구별하기 위한 논의의 출발이자 전제가 된다. 따라서 방송통신 융합 환경하에서는 방송과 통신은 각기의 헌법적 가치와 보호법익을 존중하면서 공통적 규제영역에서 효율적으로 대처할 수 있도록 하는 방향으로 검토되어야 한다. 방송의 개념 문제는 헌법적으로 보호를 받는 방송의 범위를 확정하기 위한 문제이므로 서비스 행태나 특성을 고려하여 개별적, 구체적으로 판단하여야 한다. 또한, 특정 매체의 등장이 헌법상 보호 대상으로서 방송의 범위에 포함될 경우 방송법 개정을 통해 보호와 규제를 받도록 입법화해야 할 것이다.

결국, 방송은 어느 하나의 구성요소만 가지고 판단되는 것이 아니라 방송콘텐츠, 서비스, 네트워크 등 종합적인 요소의 상호작용이 방송이라는 하나의 개념을 창출하고 있는 것이다. 이러한 관점에서 방송시장의 규제에 적용될 방송의 개념은 방송을 구성하는 제요소간의 상호관련성의 문제에서 바라보아야 한다.

방송의 특수성을 설명함에 있어 과거 주로 사용된 논거로는 기술적 특성으로서 '주파수의 희소성 이론'을 들 수 있다. 방송은 그 내용을 시청자들에게 전달하기 위한 수단으로서 '전파'를 사용하는데 이러한 '전파'는 한정된 국가자원으로서 모든 사람이 이용할 수 없고 허가를 받은 자만이 공중을 대리하여 방송할 수 있는 권리를 행사할 수 있으며, 이로 인해 국가의 방송에 대한 공적 규제가 정당화될 수 있다는 이론이다. 그러나 근래에 디지털 방송기술의 급속한 발전에 따라 주파수의 유한성이 어느 정도 극복되었으므로 이러한 이론에 기초한 방송의 특수성 이론은 변해야 한다는 주장이 제기되고 있다. 하지만 이는 방송을 기술 종속적으로 이해하려는 사고에서 기인하는 것이며, 아무리 방송기술이 발전한다고 하더라도 본질적으로 전파자원은 유한할 수밖에 없다. 또한 방송은 그 구현방식이 영상이나 음성을 통해 이루어지고 있으며 수신자의 적극적인 수용 여부와 관계없이 무차별적인 정보전달이 가능하다는 점에서 다른 어느 매체보다도 강한 호소력을 가지고 있다. 또한, 방송은 수용자의 선택이 아니라 일방적으로 수용할 수밖에 없는 형태의 매체라는 특징을 가지고 있으므로 방송의 사회적 영향력은 개인적 수용능력 내지 견해에 따라 달라지는 것도 아니다. 현재의 다채널·다매체의 방송환경은 매체에 대한 사회적 의존성을 증가시켜 방송이 사회적으로 더욱 강한 영향력을 발휘할 것이므로 방송의 기능을 보장하기 위한 규율의 필요성이 더욱 높다고 할 수 있는 것이다.

　　방송의 공익성을 확보한다는 것은 방송의 다원성을 실현하는 것이다. 방송의 다원주의는 국민 각계각층의 다양한 의사가 방송을 통해 표현될 수 있도록 방송을 운영해야 한다는 원칙을 말한다. 이는 민주적 가치실현을 위하여 요구되는 헌법적 원리이다. 즉, 방송운영의 다양성 확보로 힘 있는 특정세력 및 집단의 여론 독점을 방지할 수 있으며, 언론에 있어서도 권력분립과 상호견제의 체제가 유지되어야 한다는 것이다.

　　다채널 환경하에서도 방송의 자유는 최대한으로 보장되어야 한다.

또한 방송의 자유제한 원리에 있어서도 사회문화적 측면만이 고려대상은 아니며 경제적 측면도 함께 논의되어야 한다. 헌법상 방송의 자유의 제한은 방송법을 통해 방송운영자들에 대한 제반 규제를 통해 이루어진다고 할 수 있다. 이러한 규제내용에는 방송시장에 대한 규제도 포함되어야 하는 것은 당연하다. 따라서 방송의 자유의 제한원리는 종전의 사회문화적 규제뿐만 아니라 방송시장에 대한 규제를 함에 있어서도 동일하게 적용된다고 보아야 할 것이다.

참고문헌

1. 국내문헌

(1) 단행본

권영성, 「신판 헌법학원론」, 법문사, 2001.

권영성, 「헌법학원론」, 법문사, 2002.

권오승, 「경제법」, 박영사, 2005.

김 규, 「방송매체론」, 법문사, 1993.

김대호 역, 「세계의 방송법」, 한울아카데미, 1998.

김원용 역, 「통신과 방송의 자유경쟁논리」, 커뮤니케이션북스, 1988.

김철수, 「학설판례 헌법학」, 박영사, 2008.

방송위원회, 「프랑스방송법」, 2000.

　　　　　　　「다채널시대 방송산업의 공정경쟁 질서확립방안 연구」, 2001.

　　　　　　　「독일방송법」, 2002.

　　　　　　　「방송사업자의 공정거래 관련 규제방안 연구」, 2003.

　　　　　　　「외주정책 개선방안 연구」, 2003.

　　　　　　　「중계유선방송사업자의 종합유선방송사업 승인백서」, 2003.

　　　　　　　「영국 커뮤니케이션법(상, 하)」, 2004.

　　　　　　　「방송사업자의 불공정거래행위 실태조사 연구」, 2004.

　　　　　　　「뉴미디어 서비스 도입 및 디지털방송 활성화에 관한 계획」, 2005.

　　　　　　　「독일 방송허가·재허가 제도 연구」, 2005.

　　　　　　　「방송행정의 법구조와 과제」, 2005.

　　　　　　　「방송허가, 재허가 제도에 관한 연구」, 2005.

　　　　　　　「미국 1934년 통신법」, 2005.

　　　　　　　「방송통신 융합관련 법제도 정비방안 연구」, 2005.

　　　　　　　「프랑스의 방송통신 융합 법제도 연구」, 2005.

　　　　　　　「디지털시대, 방송의 공익성 정립방안」, 2006.

　　　　　　　「방송통신의 법제적 개념정립 방안」, 2006.

「멀티미디어시대에 대비한 헌법개정에 있어 헌법상 방송의 자유에 대한 새로운 해석」, 2006.

박선영, 「언론정보법연구 Ⅰ - 21세기 표현의자유」, 법문사, 2002.

박선영, 「언론정보법연구 Ⅱ - 방송의 자유와 법적 제한」, 법문사, 2002.

박용상, 「방송법제론」, 교보문고, 1988.

박용상, 「표현의 자유」, 현암사, 2000.

방석호, 「미디어법학」, 법문사, 1997.

성낙인, 「헌법학」, 법문사, 2002.

양 건, 「헌법연구」, 법문사, 1995.

양 건, 「방송에서의 표현의 자유와 공적 규제, 언론법제의 이론과 현실」, 나남출판사, 1993.

전정환/변무웅 역, 「독일방송헌법판례」, 한울아카데미, 2002.

정재황, 「판례헌법」, 길안사(지산), 1997.

정재황, 「헌법재판개론」, 박영사, 2003.

조재현, 「언론의 자유의 보호와 제한」, 한국학술정보(주), 2005.

한국무선국관리사업단, 「방송의자유와 방송사업(방송국) 허가에 관한 헌법적 고찰」, 2005.

허 영, 「한국헌법론」, 박영사, 2002.

(2) **논문**

곽관훈, "일본의 미디어 융합에 따른 규제 체제의 변화와 시장 정의", 「세계의 언론법제」, 통권 제17호, 한국언론재단, 2005 상.

곽상진, "방송의 자유와 이원적 방송체계", 「박사학위논문」(한양대학교대학원, 1991).

곽상진, "방송의 자유의 제한에 관한 소고", 한국헌법의 현황과 과제, 금랑 김철수교수 정년기념논문집, 박영사, 1998.

곽상진, "방송의 자유와 방송제도", 「공법연구」, 제28집 제4호 제1권, 한국공법학회, 2000.

곽상진, "방송규제의 특수성에 대한 헌법적 검토", 「공법연구」, 제29집 제3호, 한국공법학회, 2001.

김경제, "방송의 자유에 관한 연구", 「박사학위논문」(부산대학교대학원, 1997).

김경제, "방송의 공공성: 헌법논적 측면에서의 공공성 실현", 「부산법학」, 41, 부산법학연구회, 1998.

김병기 역, "민주적 헌정질서하에서 방송법의 공법적 과제", 「공법연구」, 제28집 제4호 제1권, 2000.

김병근, "미국통신법 개정의 주요내용과 통신시장의 통향과 전망(Ⅰ)", 「정보통신정책」, 제8권 16호, 1996.

김봉철, "공익성과 시장원리의 조화 필요", 「방송문화」, 제277호, 한국방송협회, 2004.

김일환, "기본권형성적 법률유보에 대한 비판적 검토"「법제연구」11, 한국법제연구원, 1996.

김일환, "통신비밀의 헌법상 보호와 관련 법제도 고찰", 「형사정책」, 제16권 제1호, 한국형사정책학회, 2004.

김영주, 「방송·통신 융합시대의 미디어 규제」, 연구보고서 2004-11, 한국언론재단, 2004.

김명식, "방송의 자유의 제한구조에 관한 소고"「성균관법학」, 제17권 제3호, 성균관대학교비교법연구소, 2005.

김수갑, "헌법상 문화국가원리에 관한 연구", 박사학위논문, 고려대학교 대학원, 1999.

김수갑, "한국헌법에서의 「문화국가」 조항의 법적 성격과 의의", 「공법연구」, 제32집 제3호, 한국공법학회, 2004.

김종서, "방송의 공공성과 그 구현방향", 「사회과학연구」18, 배제대학교부설사회과학연구소, 1999.

김창희, "정치적 여론의 조작 그리고 인터넷", 「지방자치연구」, 제10집, 전북대학교지방자치연구소 2002.

김철수, "미국의 언론자유", 「사법행정」 14,12. 한국사법행정학회, 1973.

김철수, "언론·출판의 자유", 「월간고시」 122, 법학사, 1984.

남궁승태, "헌법상 문화국가와 문화재보호", 「아태공법연구」, 제3집, 아세아태평양공법학회, 1994.

류시조, "가상공간에 있어서 표현의 자유", 「헌법학 연구」, 제5집 제1호, 한국헌법학회, 1999.

박선영, "인터넷 방송의 의의와 헌법적 성격", 「헌법학연구」, 제6집 제2호, 한국헌법 학회, 2000.

박용상, "방송의 자유의 보호와 그 형성", 「헌법논총」, 제14집, 헌법재판소, 2003.

박창희, "매체간 균형발전을 위한 지상파 방송의 산파적 역할", 「방송연구」, 겨울호, 방송위원회, 2003.

백완기, "정책결정에 있어서 공익의 문제", 「한국정치학회보」, 제15집, 1981.

서명준, "독일, 방송의 공공성 강화 및 디지털방송 활성화: 세계의 방송이슈 2005", 「방송동향과 분석」, 통권 제209호, 한국방송영상산업진흥원, 2005.

이기현, "프랑스의 법 개정에 따른 전자 커뮤니케이션의 개념 규정과 CSA의 역할 변화", 「방송동향과 분석」, 통권 213호, 한국방송영상산업진흥원, 2005.

이기현, "프랑스의 방송통신융합 법제 개편 및 규제 기구의 현황", 「KBI 이슈페이퍼」, 05-06 통권10호, 2005.

이인호, "방송·통신의 융합과 언론의 자유", 「공법연구」, 제28집 제4호, 한국공법학회, 2000.

이원우, "현행법상 방송 및 통신시장의 규제와 방송·통신의 융합에 따른 공정경쟁 이슈: 인터넷방송을 중심으로", 「정보법학」, 통권 제9권 제1호, 한국정보법학회, 2005.

임동민, "영국 Communication Act 2003의 통신·방송 융합서비스 관련 법령분석", 「정보통신정책」, 제16권 제3호 통권 341호, 정보통신정책연구원, 2004.

양 건, "방송에서의 표현의 자유와 공적 규제", 「헌법연구」, 1995.

양 건, "방송에서의 표현의 자유와 공적 규제-헌법적 소고", 「방송연구」, 여름호, 방송위원회, 1998.

오세탁/김수갑, "문화국가원리의 실현구조", 「법학연구」, 제5권, 충북대학교법학연구소, 1993.

오용수/정희영, "방송통신 융합에 따른 규제체제 전환의 정책방향", 「방송연구」, 여름호, 방송위원회, 2006.

윤수진, "방송·통신 융합의 법적 연구", 「박사학위논문」, 고려대학교대학원, 2004.

윤호진, "디지털 다매체 시대, 매체 균형발전을 위한 정책방향", 방송위원회 전문가토론회 발제문, 2004.

전광석, "헌법과 문화", 「공법연구」, 제18집, 한국공법학회, 1990.

전정환, "국가의 방송사업 허가권에 대한 위헌성여부의 고찰", 「공법연구」, 제26집 제1호, 한국공법학회, 1998.

전정환, "방송규제기구에 관한 헌법적 고찰", 「헌법학연구」, 제5집 제1호, 한국헌법학회, 1999.

전정환, "헌법상 방송의 개념-독일 기본법 제5조제1항2문의 내용을 중심으로", 「공법연구」, 제25집 제4호, 한국공법학회, 1997.

전정환, "방송사업의 허가제도에 대한 위헌성여부의 고찰", 「공법연구」, 제24집 제4호, 1996.

정재황, "방송에 의한 정치적 영역의 기본권 보장", 「고시계」, 제419호, 국가고시학회, 1992.

정재황, "언론·출판의 자유에 관한 헌법재판소 판례", 「고시계」, 445, 국가고시학회, 1994.

정재황, "방송의 다원주의 보장과 방송규제기관의 권한에 관한 헌법판례", 한국헌법의 현황과 과제, 금랑 김철수교수 정년기념논문집, 박영사, 1998.

정재황, "국가권력의 조직행사에 관한 헌법적 기본원리에 관한 연구", 「홍익법학」, 제4집, 홍익대학교법학연구소, 2002.

정재황, "인터넷과 참여민주주의", 「성균관법학」, 제16권 제1호, 성균관대학교 비교법연구소, 2004.

정재황, "방송의 내용상 의무에 관한 연구-프랑스법을 중심으로-", 「성균관법학」, 제19권 제3호, 성균관대학교 비교법연구소, 2007.

정재황/이윤호, "방송산업에서의 불공정거래행위 규제에 관한 헌법적 고찰", 「성균관법학」, 제18권 제1호, 성균관대학교 비교법연구소, 2006.

정순원, "청소년의 인격성장권과 사이버공간에서의 청소년 보호", 「박사학위논문」, 성균관대학교 대학원 2006, 6.

조은기, "방송의 공익성과 시장에 관한 연구-사유성, 외부성, '장르'효과-, "「박사학위논문」(서강대학교대학원 1995).

조은기, "방송통신 융합과 경쟁도입에 따른 방송규제 모델 연구: OECD 방송통신 융합규제모델의 적용가능성을 중심으로", 한국방송영상산업진흥원, 99-18호, 1999.

최영묵, "방송의 공익성과 심의제도에 관한 연구", 「박사학위논문」, 한양대학교대학원 1996.

최우정, "헌법상 개념으로서 방송", 「비교공법연구」, 제5권 제3호, 한국공법학회, 2004.

최송화, "공익의 법문제화", 청담 최송화 교수 정년기념학술회의 2006.

홍기선/김현우, "지상파 방송3사의 공정거래질서 확립에 대한 연구", 「방송연구」, 여름호, 방송위원회, 2002.

홍석경, "유럽 방송 정책의 이슈와 변화 동향", 「동향과 분석」, 통권 187호, 한국 방송영상산업진흥원, 2003.

홍석경, "방송통신 융합환경을 수용하는 프랑스의 개정 방송법", 「방송동향과 분석」, 통권 205호, 한국방송영상산업진흥원, 2004.

황성기, "언론매체규제에 관한 헌법학적 연구- 방송 통신의 융합에 대응한 언론 매체 규제제도의 개선방안-", 「박사학위논문」, 서울대학교대학원 1999.

2. 외국문헌

Alexy, Robert, Begriff und Geltung des Rechts, Freiburg/München, 2002.

Barendt, Eric, Broadcasting Law: A Comparative Study, Oxford University Press, 1995.

Benda, Ernst/Maihofer, Werner/Vogel, Hans-Jochen(Hrsg.), Handbuch des Verfassungsrechts der Bundesrepublik Deutschland, Band 1, 2. Aufl., Berlin/New York 1995.

Bethge, Michael, Die Zulaessigkeit der zeitlichen Bescharaenkung der Hoerfunkwerbung im NDR, 1992.

Böckenförde, Ernst-Wolfgang, Weichenstellungen der Grundrechtsdogmatik, Der Staat 29, 1990.

Bush, Antoinette Cook/Beahn, John/Tuesley, Mick, Convergence and competition - at last: An article from: Federal Communications Law Journal, 2005.

Cameron, Peter Duncanson, Competition in Energy Markets: Law and Regulation in the European Union, Oxford University Press, 2002.

Commission of European Communities, Proposal for Directive of the European Parliament and of the Council Amending Council Directive 89/552/EEC, 2005a.

Commission of the European Communities, Annex to the Proposal for a Directive of the European Parliament and of the Council Amending Council Directive 89/552/EEC, 2005b.

Commission of the European Communities, Proposal for a Directive of the European Parliament and the Council Amending Council Directive 89/552/EEC. 2005c.

McTaggart, Craig, "A Layered Approach to Internet Legal Analysis", ⌐University of Toronto Computer Law Review⌐, 2003.

Degenhart, Christoph, Rundfunk und Internet, ZUM 1998.

Degenhart, Christoph, Staatsrecht I, 20. Aufl., Heidelberg 2004.

Derieux, Emmanuel, L'intérêt public en droit français de la communication in Actes du Colloque franco-québécois, L'intérêt public: Principe du droit de la communication, 1995.

Dimmick, John W., Media Competition and Coexistence, Lawrence Erlbaum Associate, 2003.

Doehring, Karl, Allgemeine Staatslehre, 3. Aufl., Heidelberg 2004.

Doyle, G. Media Ownership: The Economics and Politics of Convergence and Concentration in the UK and European Media, London: Sage Publications, 2002.

Dolzer, Rudolf/Vogel, Klaus/Großhof, Karin(Hrsg.), Kommentar zum Bonner Grundgesetz(Bonner Kommentar), Loseblattausgabe, Heidleberg, Stand: Dezember 2005.

Dreier, Horst(Hrsg.), Grundgesetz, Kommentar, Band I und 2: 2. Aufl., Tübingen 2004/2006, Band III, 2000.

Elliott, Catherine/France Quinn, English Legal System, 3rd ed., Longman, 2000.

Emerson, Thomas, "First Amendment Doctrine and the Burger Court," California Law Review, vol. 68, 1980.

Schmalensee, Richard/Evans, David, "The Industrial Organization of markets with Two-sided Platforms," NBER, 2005.

Evans, David, "The Antitrust Economics of Multi-sided Platform Markets," Yale Journal on Regulation, 2005.

European Union(1997). Council Directive 97/36/EC of the European Parliament and of the Council of 30 June 1997 amending Directive 89/552/EEC on the coordination of certain provisions laid down by law, regulation or administrative action in Member States concerning the pursuit of television broadcasting activities. Official Journal of the European Communities, L202 60.

European Union(2002a). Directive 2002/21/EC of the European Parliament and of the Council of 7 March 2002 on a common regulatory framework for electronic communications net-works and services(Framework Directive). Official Journal of the European Communities, L 108/33.

European Union(2002b). Directive 2002/20/EC of the European Parliament and of the Council of 7 March 2002 on the authorisation of electronic communications networks and services(Authorisation Directive). Official Journal of the European Communities, L 108/21.

Farr, Sebastian/Oakley, Vanessa, EU Communications Law, Sweet & Maxwell; 2 Rev. ed., 2006.

Feintuck, Mike, Media Regulation, Public Interest and the Law, Edinburgh University Press, 1999.

Garzaniti, Laurent, Telecommunications, Broadcasting and the Internet: EC Competition Law and Regulation, Sweet & Maxwell, 2003.

Ginsburg, Douglas H./Michael H. Botein/Mark D. Director, Regulation of The Electronic Mass Media Law and Policy for Radio, Television, Cable and The new Video Technologies, West Publishing Co., 1991.

Hammond Iv, Allen S, Measuring the nexus: the relationship between minority ownership and broadcast diversity after Metro Broadcasting: An article from: Federal Communi-cations Law Journal [HTML] (Digital), University of Cali-fornia at Los Angeles, School of Law, 2005.

Hain, Karl-E., Die Grundsätze des Grundgesetzes, Eine Untersuchung zu Art. 79 Abs. 3 GG, Baden-Baden 1999.

Harrison, Jackie/Woods, Lorna, European Broadcasting Law and Policy, Cambridge University Press, 2007.

Klein, Hans Hugo, Die Rundfunkfreiheit, München, 1978.

Heller, Hermann, Staatslehre, hrsg. von Gerhart Niemeyer, Leiden 1934.

Herzog, Roman/Kunst, Hermann/Schlaich, Klaus/Schneemelcher Wilhelm(Hrsg.), Evangelisches Staatslexikon, band 2, 3. Aufl., Stuttgart 1987.

Hesse, Konrad, Grundzüge des Verfassungsrechts der Bundesrepublik Deutschland 20. Aufl., Heidleberg 1995.

Hyung-Dun Kwon, Rundfunkfreiheit auf dem Weg in die Informationsgesellschaft, insbesonderere im Internet, Diss. (Bielefeld), 2004.

Ipsen, Jörn, Staatsrecht I. Staatsorganisationsrecht, 18. Aufl. München 2006; Staatsrecht II. Grundrechte, 9. Aufl. München 2006.

Isensee, Josef/Kirchhof, Paul(Hrsg.), Handbuch des Staatsrechts der Bundesrepublik Deutschland, Band I, 3. Aufl., Heidelberg 2003; Band II, 3. Aufl., 2004; Band III, 3. Aufl., 2005; Band IV, 2. Aufl., 1999; Band IV, 3. Aufl., 2006; Band V, 2. Aufl., 2000; Band VI, 2. Aufl., 2001; Band VII, 1992; Band VIII, 1995; Band IX, 1997; Band X, 2000.

Morange, Jacques, L'intérêt public en droit public français de la communication: Valeur Constitutionnelle, in Actes du Colloque franco-québécois, L'intérêt public: Principe du droit de la communication, 1995.

Jarass, Hans D./Pieroth, Bodo, Grundgesetz für die Bundesrepublik Deutschland, 8. Aufl., München 2006.

Jellinek, Georg, Allgemeine Staatslehre, 3. Aufl., 7. Neudruck, Darmstadt 1960.

J. Rivero et H. Moutouh, Libertés publiques, t. II, P.U.F., 7e éd., Paris, 2003.

Oskar Werner, Kägi, Die Verfassung als rechltiche Grundordnung des Staates, Zürich 1945.

Viscusi, W. Kip/Vernon, John M. /Harrington, Joseph Emmett, Economics of Regulation and Antitrust, The MIT Press, 1992.

Stern, Klaus/Bethge, Herbert, Öffentlich-rechtlicher und privatrechtlicher Rundfunk, Frankfurt a.M./ Berlin 1971.

Krasnow, Erwin G./Longley, Lawrence D./Herbert, Terry, The Politics of Broadcasting Regulation, St. Martin's Press, 1982.

Kruse, Elizabeth, From free privilege to regulation: Wireless firms and the competition for spectrum rights before World War I: An article from: Business History Review, 2002.

Luff, Damien Geradin, The WTO Global Convergence in Telecommunications and Audio-Visual Services, Cambridge University Press, 2004.

Maunz, Theodor/Zippelius, Reinhold, Deutsches Staatsrecht, 30. Aufl., München 1998, seit 31. Aufl.: Zippelius/Würtenberger, Deutsches Staatsrecht, 31. Aufl., München 2005.

Maunz, Theodor/Dürig, Günter(Hrsg.), Grundgesetz, Kommentar, Loseblattausgabe, München, Stand: August 2005.

Meier, Jürgen, Recht vor dem Kabelfernsehen - Ansätze für einen Paradigmenwechsel in der Medienpolitik, Hamburg 1979.

Münch, Ingo v/Kunig, Philip(Hrsg.), Grundgesetz, Kommentar, Band 1-3, 5. Aufl., München 2000/2001/2003.

Kling, Michael/Thomas, Stefan, Wettbewerbs- und Kartellrecht, München 2004.

Mueller, Mart, "Voices of the Public in Communication and Information Policy: Four Decades of Advocacy and Congressional Hearings", 「Telecommunications Policy Research Conference」, Virginia, October 2003.

Neuman, W. Russell, The future of Mass Audience. Cambridge University Press, 1992.

Nihoul, Paul/Peter Rodford, EU Electronic Communications Law: Competition and Regulation in the European Telecommunications Market, Oxford University Press, 2004.

Nitsche, Ingrid, Broadcasting in the European Union - The Role of Public Interest in Competition Analysis, Springer; 1 edition, 2001.

OECD, Regulation and Competition Issues in Broadcasting in the right of Convergence, DAFFE/CLP 11, 1999.

Paschke, Marian, Medienrecht, Springer, 1993.

Pieroth, Bodo/Schlink, Bernhard, Grundrechte - Staatsrecht Ⅱ, 2000.

Philie, Marcangelo-Leos, Pluralisme et Audiovisuel, LGDJ, Paris, 2004.

Ray, William B., FCC, The Ups and Downs of Radio-TV Regulation, Iowa State University Press, 1990.

Ricker, Reinhart/Peter Schwiy, Rundfunkverfassungsrecht, München 1997.

Rony, H., Radio-télévision: quelques réflexions sur la notion de service public, Legipresse, n. 103. II. 1995.

Sachs, Michael(Hrsg.), Grundgesetz, Kommentar, 4 Aufl., München 2007.

Sadler, Roger L., Electronic Media Law. Sage Publications, Inc. 2005.

Sauve, P. & Steinfatt, K. Towards Multilateral Rules on Trade and Culture: Protective Regulation or Efficient Protection? Paper presented at 'Achieving Better Regulation of Services', Australian National University, June, 2000.

Scheuner, Ulrich, "Staatszielbestimmungen", in: Festschhrit für Ernst Forsthoff zum 70. Geburtstag, C. H. Beck München, 1972.

Schreier, Torsten, Das Selbstverwaltungsrecht der Öffentlich-rechtlichen Rundfunkanstalten, Frankfurt a.M./Berlin /Bern/Bruxelles/New York/Oxford/ Wien 2001.

Schmitt, Carl, Verfassungslehre, München/Leipzig 1928, 8. Neudruck, Berlin 1993.

Seabright, Paul/Hagen, Jürgen v, The Economic Regulation of Broadcasting Markets: Evolving Technology and Challenges for Policy, Cambridge University Press, 2007.

Smend, Rudolf, Verfassung und Verfassungsrecht, München/Leipzig 1928.

Smith, Rachael Crauford, Broadcasting Law and Fundamental Right, Oxford University Press, 1997.

Straubhaar, J. Beyond media imperialism: Asymmetrical Interdependence and cultural proximity, Critical Studies in Mass Communication, 8, 1991.

Steiner, Udo, "Kulturauftrag im staatlichen Gemeinwesen", VVDStRL 42(1984).

Stern, Klaus/Sachs, Michael /Dietlein, Johannes, Das Staatsrecht der BRD, Bd. IV/1, München 2006.

Stern, Klaus, Das Staatsrecht der Bundesrepublik Deutschland, Band I, 2. Aufl., München 1984; Band II, 1980; Band III/1, III/2 unter Mitwirkung von Michael Sachs 1988, 1994; Band IV/1 unter Mitwirkung von Michael Sachs und Johannes Dietlein, 2006; Band V, 2000.

Krattenmaker, Thomas G./Powe, L.A., "Converging First Amendment Principles for Converging Communications Media", 104 Yale Law Journal 1719, 1995.

Scheuner, Ulrich, "Staatszielbestimmungen", in: Festschrift für Ernst Forsthoff zum 70. Geburtstag, 1972.

Wook-Jei Sung, "La loi du 27 Juillet 1982 sur La Communication audiovisuelle la loi de la «CONTINUITE» ou celle de la «RUPTURE»?", thèse Doctorat(Univ. Paris Ⅱ), 2005.

이윤호

경기도 평택에서 나고 자랐으며 성균관대학교에서 헌법으로 박사학위를 받았다.
방송위원회에서 방송법제, 방송콘텐츠 등의 업무(2000년-2008), 방송통신위원회에서 인터넷정책,
전파방송관리, 주파수정책 등의 업무(2008-2013)를 담당했으며,
현재는 미래창조과학부 방송산업정책과 서기관으로 재직하고 있다.

헌법과 방송규제

초판인쇄 2014. 12. 1
초판발행 2014. 12. 5

저 자 이 윤 호
발행인 황 인 욱
발행처 도서출판 오 래
　　　　서울특별시용산구한강로2가 156-13
　　　　전화: 02-797-8786, 8787; 070-4109-9966
　　　　Fax: 02-797-9911
　　　　신고: 제302-2010-000029호 (2010. 3. 17)

ISBN 978-89-94707-03-7 93360

http://www.orebook.com
email orebook@naver.com

정가 12,000원

이 도서의 국립중앙도서관 출판시도서목록(CIP)은
서지정보유통지원시스템 홈페이지(http://seoji.nl.go.kr)와
국가자료공동목록시스템(http://www.nl.go.kr/kolisnet)에서 이용하실 수 있습니
다. (CIP제어번호: CIP2014035412)